李開周／著

包公哪有那麼黑

你｜所｜不｜知｜道｜的｜包｜青｜天

套色版畫〈包公賠情〉，講的是包公大義滅親，鍘了侄子包勉，向嫂娘賠禮道歉的故事。（黎萍女士提供）

後人根據包公戲文「復原」的三口銅鍘。（開封府景區提供）

巴黎唐人街春節遊行，由黑人直接裝扮成包公。（微博海外資訊博主＠巴黎玩貨提供）

開封包公祠的包公銅像。

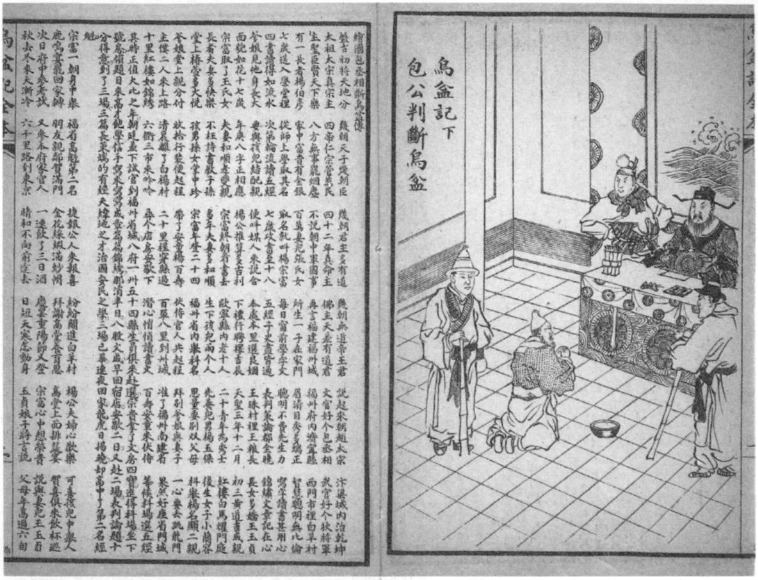

包公問案之《烏盆記》唱本。（日本早稻田大學圖書館風陵文庫藏本）

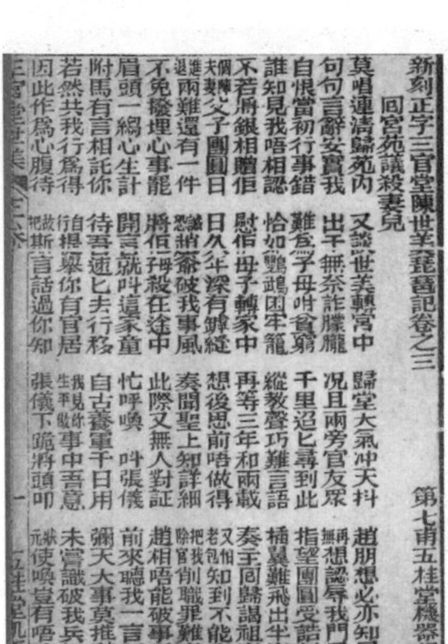

新刻正字三官堂陳世美琵琶記卷之三　第七甫五桂堂機器板
回宮苑議殺妻兒
莫唱連清歸苑內　又談陳世美轉宮中　歸堂大氣冲天抖　趙朋想必亦知風
句句言辭妄賓我　出乎無奈詐朦朧　况且兩旁官友眾　再無想認辱我門風
自恨當初行事錯　難舍子母叫貧窮　千里迢迢尋到此　指望團圓受誥封
誰知見我唔相認　恰如鸚鵡困牢籠　縱教聲巧難言語　插翼難飛出半空
不若將銀相贈佢　慰佢母子轉家中　再等三年和兩載　奏主回歸謁祖宗
個夫妻父子團圓日　日久年深有罅縫　想後思前唔做得　又怕老包知到不能容
進退兩難還有一件　識破我事風　奏聞聖上知詳細　把我除官削職罪難容
不免撥埋心事能　將佢一母子殺在途中　此際又無人對証　趙相唔能破事風
眉頭一綱心生計　開言就叫這家童　忙呼喚　叫張儀　前來聽我一言詞
附馬有言相託你　自提行舉你有官居　自古養軍千日用　彌天大事莫推辭
若然共我行為得　待吾逐匕去行移　我見你生平做事中吾意　未嘗識破我兵机
因此作為心腹待　故把斯言話過你知　張儀下跪將頭叩　狀元使喚豈有唔依
三官堂 一 五桂堂 板

《鍘美案》唱本。
（日本早稻田大學圖書館風陵文庫藏本）

陝西地方戲「秦腔」中的包公臉譜。

清代京劇《鍘美案》中的包公臉譜。

宋代新科進士被授予官職，走馬上任。（開封府景區提供）

韓國總統朴槿惠支持者手舉《包青天》劇照走上街頭。（東方 IC 提供）

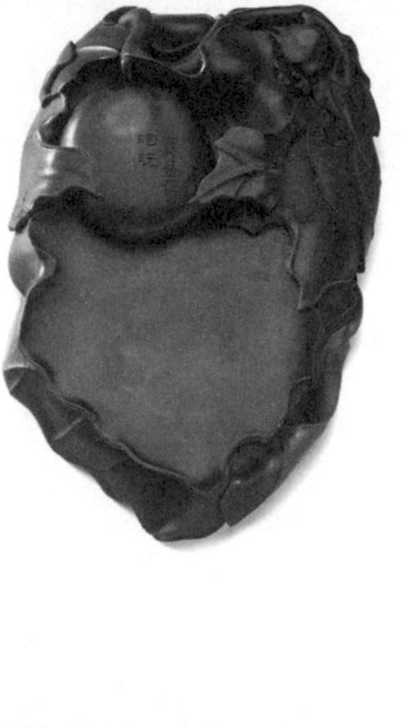

宋代端硯，長 19.5 公分、寬 12.3 公分、高 3.8 公分，傳為北宋書法家米芾所用。

廣東肇慶硯洲島。（羊城晚報提供）

廣東肇慶硯洲島上的包公樓。（羊城晚報提供）

開封府景區鳥瞰圖。

財神像。（日本早稻田大學圖書館風陵文庫藏本）

開封府題名記碑，原立於宋開封府衙署中，現存於開封市博物館。碑高 214 公分、寬 96 公分、厚 24 公分。碑文記載宋太祖建隆元年（960 年）至宋徽宗崇寧四年（1105 年）共 146 年間，歷任的開封府尹名錄共 183 位。（開封府景區提供）

開封府景區門前的照壁——〈獬豸圖〉。獬豸是中國古代傳說中的神獸，天生具有辨別是非、公正不阿的本能，自古被視為「法獸」。

包公斷案實景劇。（開封府景區提供）

開封包公祠裡的《鍘美案》蠟像。

清代繪本《升平署扮相譜》中的公主扮相。

清代繪本《升平署扮相譜》中的狀元扮相。

宋代考生參加科舉府院解試的場景。（開封府景區提供）

府院解試

農曆八月下旬，開封府在明禮院技登樓正式舉行考試，按規定的解試名額根據考試成績，選出本府解送禮部參加正式科舉考試的舉子，因而稱這場考試為解試。

包拯墓。（原址在合肥市肥東縣解集鄉包村，現遷至合肥市區。劉東偉先生提供）

包拯夫人董氏之墓。（劉東偉先生提供）

【推薦序】

包公其實是財政高手

楊宇勛（中正大學歷史系教授）

猶記得黃仁宇（李尉昂）的歷史小說《汴京殘夢》，以北宋晚葉為時代場景，曾經引發學界關注。久久未聞以宋史為題材的暢銷作品，李開周先生的《吃一場有趣的宋朝飯局》、《過一個歡樂的宋朝新年》兩本專書，先後引起眾多的迴響。作者並非史學科班出身，畢業於河南農業大學，做過測量工作，讓人驚訝！我和他素昧平生，佩服他雅俗共賞的文采，還有深愛歷史之心。從事宋史研究多年的我，早被學界馴化，循規蹈矩，寫些制式的學術論文，讀者鮮少，很是汗顏。

明清的《包公傳》、《三俠五義》之中，世人津津樂道的〈貍貓換太子〉、〈鍘美案〉、〈烏盆記〉等故事，屬於小說文學，並非歷史事實，不可當真。話說包拯（九九九年至一〇六二年），天聖五年（一〇三七年）進士及第，他為世人熟知的故事，以龍圖閣直學士・右司郎中・權知開封府（一〇五七年三月至一〇五八年六月），在短短一年三個月裡，為民伸冤，除暴安良。現今存世的包拯文獻，諸如《包拯集》、〈孝肅包公墓誌銘〉、〈董氏墓誌銘〉、宋仁宗實錄包拯附傳（舊題兩朝國史包拯傳）、《隆平集》卷十一〈包拯傳〉、《東都事略》卷七三〈包拯傳〉、《五朝名臣言行錄》〈包孝肅公〉、《宋史》卷三一六〈包拯傳〉等。讀者若有興趣，可以自行翻閱這些歷史文獻。

北宋初年的三司使，宋人亦稱「計相」，相當於今日的財政部長。包拯曾經擔任斯職，為與書中所提「清官竟是理財高手」相呼應，本人論述其中的大概，與讀者分享。仁宗嘉祐四年（一〇五九年），三司使張方平遭御史中丞包拯論劾而下臺，罪名是低價收購民宅，瓜田李下。包拯接著又論劾繼任的宋祁，燕飲過度，不知節制，也遭罷官，於是朝廷任命包拯為三司副使。歐陽脩看不慣，諷刺包拯說：罵人牽牛卻奪人之牛。包拯畏言在家，過一陣子才赴任。他把握這次機會，勇於任事，罷去擾民的強迫式採購官物（科敷和市），改為溫和的置場購買。嘉祐六年（一〇六一年），包拯真除三司使，隔年就過世，享年六十四。

包拯從仁政愛民出發，主張輕傜薄賦，罷去不合理的苛斂（如科率攤派、規費等），支持范祥的食鹽征稅而自由販賣之改革鹽法（通商法），講求官方節流開支，主張節制冗官冗兵冗費，嚴懲貪官汙吏，以減輕百姓負擔。在開源與節流的天平之上，他較傾向節流部分。在三司使之前，他還有下列財經官員的歷練：戶部判官、京東路轉運使、陝府西路轉運使、戶部副使、解州經度鹽法、河北路轉運使等職務。正因如此，包拯才會如此渴望擔任財政首長三司使。第二章〈清官竟是理財高手〉，確有所本，並未背離史實。不過，世傳包拯個性「峭直」，嫉惡如仇，一絲不苟。一位不知變通的人，能否成為理財高手？稱為「自由主義經濟學派」？實在不好說。

本書追查許多小說戲劇與歷史事實出入之處，加以一一釐清，此為本書的主軸。譬如：嫂娘養育之恩實際是長媳崔氏照顧次子包綬的故事、陳州放糧的虛構、國舅龐籍與宋史所載迴然不同、八王爺趙德芳其實是宋太祖四子（宋真宗堂兄）、添加許多不是包拯審訊的司法案件。令人深刻的著墨，清官不近人情的心態與行為、追查包公的家族（先祖、妻妾、子嗣）和好友。還有談及包拯形象的另一面，戲劇中黑臉的由來、包拯的星座、包拯也有護短循私的時候。最後，作者還彙編包拯生平年表、墓誌銘史料作為附錄，提供讀者參閱研究，立意頗佳。

【推薦序】

全方位才能的包青天

丁肇琴（世新大學中文系教授）

如果要在古人當中找一個和我關係最密切的人（血統關係不計），那大概非宋朝的包青天莫屬了。所以當我得知時報出版公司要出一本《包公哪有那麼黑：你所不知道的包青天》時，內心真是興奮莫名，立刻想先睹為快。

拜讀之後的感想是：作者李開周先生很用心。我知道的包青天，他多半都寫出來了；我原本不知道或忽略的，他也考查出來了。

當初李開周先生為了受邀上電視講包青天的故事，把書店和圖書館有關的書籍全搬回家苦讀、整理，準備了整整兩年，結果製作人說已經請別人主講了。表面上李先生好像是吃了悶虧，但經過兩年的蓄積，他已成了包青天專家，也才能有這本深入淺出的好書面世。在我看來，李先生其實是個大贏家呢！

二十多年前，我的指導教授曾永義老師跟我說：「洪淑苓[1]做了關公，你就做包公吧！」我也和兩年前的李開周先生一樣，一頭栽進包青天的世界裡，《包公案》、《三俠五義》、《宋史》、《古代包公戲選》、《包拯集編年校補》、《包公年譜》……好像真的和包青天親若家人，天天見面。我還利用暑假，在車錫倫教授的帶領下，跑到包公的家鄉安徽合肥，踏進包河公園和包公祠，瞻仰白面書生的真包公畫像，拜訪包公的後人，吃下包家待客的一大碗荷包蛋甜湯。然後又風塵僕僕到了河南開封，拜謁了赫赫有名的包公祠和三具鍘刀。那時的開封百姓還把包青天當神明膜拜，下午五點鐘包公祠準時打烊，天黑以後就有人偷偷地在包公祠外頭燒香，祠前的花木處處可見被燒焦的痕跡。最後一站是北京的藝術研究院，那兒有各種地方戲曲最齊全的資料，我打開一盒盒的目錄檢視，天呀！全中國各劇種都有包公戲，包拯真個是萬民擁戴的青天大老爺。

但其實包青天的本領不只是會判案開鍘而已。本書第二章〈清官竟是理財高手〉，就凸顯了包拯被世人忽略的一大特質，個人相當認同。歷史上的包青天和故事中的包青天並不完全一樣，大家平常認識的包青天只是個偏才，很會判案、很清廉，但他還有許多優點，如孝順、聰明、口才好、關心民間疾苦等，不論是當地方官或中央大員、外派友邦或掌管財政，甚或插手國防事務，都表現得極為出色。從他的經歷看來，宋仁宗是有意栽培他成為全方位執政大臣的，只可惜他活得不夠久，否則一定可當上宋朝的宰相。

到底包青天是什麼樣的高人？是臉黑心不黑，還是臉白心不黑？容我賣個關子，請您自己來看這本《包公哪有那麼黑：你所不知道的包青天》，就能恍然大悟了。

注釋

1 洪淑苓現任臺大中文系教授，博士論文為《關公民間造型之研究》，由臺灣大學出版委員會一九九五年出版。

開場

包青天是怎樣產生的？

二〇一六年初冬，我到臺灣做一檔節目。節目開場前，陪兩位主持人聊天，他們一聽說我來自河南開封，馬上興奮起來：「開封喔，我知道我知道，包青天在那裡做過官！」然後其中一位主持人開始唱：

開封有個包青天，鐵面無私辨忠奸。
江湖豪傑來相助，王朝和馬漢在身邊……

這是當年轟動的電視劇《包青天》主題曲，節奏鏗鏘，旋律熟悉得不能再熟悉了。那檔節目本來是講宋朝茶道，但是主持人對包青天這個話題更感興趣，所以直播完茶道以後，我們又臨時錄了一檔包青天。

包青天知名度確實很高，不只在臺灣，不只在中國大陸，即使到了美國、日本、韓國、泰國、澳洲，隨隨便便問一個在當地居留多年的華人，他們未必知道宋朝，但是一定知道包青天。

當一個清官有多難？

包青天名叫包拯，是宋朝最有名的清官，可能也是中國歷史上最有名的清官。

清官當然受歡迎，不管在民主社會，還是在專制國家，民眾都反對貪官，支持清官。因為清官不會讓民眾吃虧，而貪官則從民眾腰包裡掏錢。皇帝對清官大概也有同樣的偏好，因為清官可以延長帝王統治壽命，而貪官鬧得天怒人怨，只會加遽王朝滅亡的速度。

宋朝有一位皇族出身的宰相趙鼎說過：廉潔和勤奮是對官員最基本的要求，人的才幹有大有小，智商有高有低，有些人做一輩子官也建立不了豐功偉業，但是起碼能做一個清官吧？[1]趙鼎含著金湯匙長大，沒有在底層官場打滾歷練過，他不知道做清官有多難。在專制且腐敗的帝制時代，做清官其實比做能吏還要艱難一萬倍。

就以明、清兩朝來說，官員俸祿極其微薄，假如不貪汙、不受賄、不要灰色地帶的收入，不但雇不起幕僚，而且養不起妻小。海瑞是明朝清官，臨死時連一口棺材都買不起；于成龍是清朝清官，穿衣服要靠妻子親手紡織。這樣的清官活在世上，必須有超級堅強的意志支撐，必須有通情達理的家屬支持，否則抵擋不住同僚的譏笑，抵擋不住親朋的鄙視，抵擋不住家屬的抱怨。

宋朝厚待大臣，官員們領著中國歷史上最優厚的俸祿，做清官相對容易一些，但是來自親戚朋友的阻力依然很大。包拯去安徽合肥做過官，合肥是他的老家，親朋故舊聽說他來當父母官，像蒼蠅見血似的蜂擁而至，這個求他辦事，那個為他送禮，有人打著他的旗號招搖撞騙，有人仗著他的勢力橫行不法。包拯該怎麼辦？總不能把所有親戚都抓起來吧？他只能殺雞給猴看，抓住一個作惡多端的堂舅，將其當堂判了死刑。親戚們一看，這傢伙不好惹，六親不認，他們才收斂許多。假如包公再多一點點顧慮，不敢下手懲處他的堂舅，就必須徇私舞弊、包庇人情，從此踏上貪官的不歸路。

傳統中國就是這樣的熟人社會，民眾就是這樣的雙重標準。沒錯，民眾反對貪官，但是為了謀取私利，卻會逼迫自己的熟人做貪官。一個人做了官，如果不能幫熟人謀私利，不能滿足熟人的非法取索，他將自絕於「人民」。這些「人民」，指的是他的龐大家族，他的同學、師長，他曾經生活過並且將來還要繼續在其中生活的關係網絡。

包拯是高官，俸祿優厚，生活儉樸，收入當中有很大一部分都被他和他的妻子無償支付給熟人。今天表弟結婚，要送一百貫；明天同學進京，要送五十貫。我是清官，我不能為你辦事，只能請你收下我的錢財，以後不要恨我，好嗎？

包拯為後代立下一條祖訓：「後世子孫仕宦有犯贓濫者，不得放歸本家，亡歿之後，不得葬於大塋之中。」後世子孫不做官便罷，只要做官就不許貪汙，如果有人貪汙，立即趕出家門，死後不許埋進祖墳。

這條祖訓蠻有效，包拯的兒子包綬、孫子包永年，後來都是有名

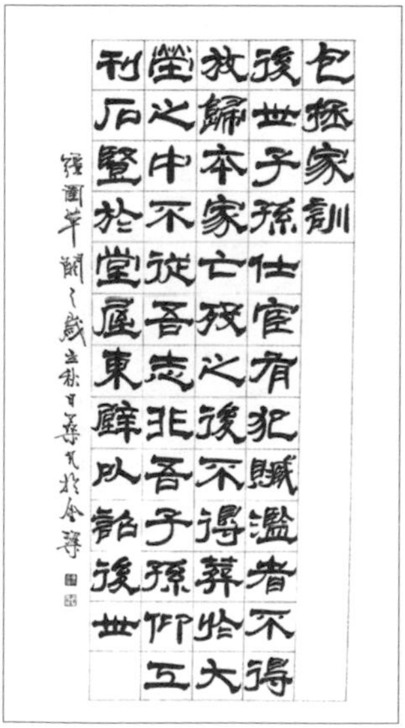

包拯為後代立下祖訓，只要做官就不許貪汙，如果貪汙，立即趕出家門，死後不准埋入祖墳。

的清官。

包綬官位比包拯低得多，俸祿自然比包公少得多。他死的時候，遺產只有幾本書，沒有留下一文錢。包永年也是小官，去世時同樣沒有積蓄，像海瑞一樣買不起棺材，全靠兩個堂弟資助，才得以入土為安。

做貪官，有可能受到懲處，但也只是可能而已，元、明、清三代幾乎到了無官不貪的地步，被懲處的微乎其微。而做清官呢？活著時被親朋埋怨，被同僚譏笑，不得好活；臨死還買不起棺材，不得好死。由此可見，做清官太難，如果沒有初戀般的熱情，沒有宗教般的意志，做不了清官。

在今天很多地方，例如香港、日本、新加坡，甚至臺灣，做清官並不難，做貪官倒有很大風險。可是在古代中國，貪官風險很小，清官成本很高，所以歷朝歷代的清官有如鳳毛麟角，清官成了罕見的祥瑞。也正因為如此，像包拯這樣的清官才會被人們記住，被人們讚頌，被人們呼為青天。

不是清廉就好，清官也有正常與變態之分

不是所有的清官都值得讚頌。

東晉有一位清官陸納，不貪不占，不拿群眾一針一線，真的是清官，可是真的很討人嫌。他被任命為吳興太守（相當於蘇州市長），邀請權傾朝野的權臣桓溫到家裡做客。邀請之前，他先打聽桓溫一頓能吃多少肉，能喝多少酒，當桓溫應邀來的時候，他卻故意準備很少的酒菜，讓桓溫吃不飽，還假惺惺地說抱歉：「我家太窮了，只能拿出這麼多酒菜，真是對不起。」桓溫只好自己掏錢叫外賣，倒過來請陸納吃了一頓飯。後來陸納又請名臣謝安來家做客，這回連酒菜都不提供，他的侄子看不過去，出去買了一些酒，被他抽了四十鞭子，大罵「汙我素業」，說侄子玷汙了他的清白。

像陸納這種清官，心理多少有些變態。你清廉是對的，怎麼連俸祿都不要了呢？難道讓老婆、孩子跟著你喝西北風嗎？還有沒有家庭責任感？既然沒錢請人吃飯，幹嘛又請人到家裡去呢？這不是故意表演你的清廉嗎？

明朝的清官海瑞也有些心理變態。他是清官，但是把別人都當成貪官。他用道學嚴格要求自己，也要求別人和他一樣道學。他有一個五歲的女兒，拿著男僕給的糕點在吃，被他狠狠罵了一頓：「女子豈容漫受僮僕餌？非吾女也，能即餓死，方稱吾女！」女孩子怎麼能接受男僕給的東西？不知道什麼叫上下有別嗎？不知道什麼叫男女授受不親嗎？妳不配做我的女兒，罰妳永遠不許吃飯！結果呢，他這個女兒就真的活活餓死了。

包拯就沒有這些病態心理。他性情剛硬，脾氣很倔，好頂撞上司，對下屬說話也很不客氣，是個比較難接近的人。但是只要別人有理，他就會馬上向人家道歉。對於性格相同的下屬，他惺惺相惜，不會刁難人家。司馬光和王安石都做過他的下屬，在宴席上被他灌酒，王安石硬是不喝，他也沒辦法。有個士兵對他產生誤會，當面罵他，他反倒對抓捕士兵的官差說：「這人是個瘋子，放他走好了。」對於自己的親人和族人，他從不徇私枉法，但是能幫的忙絕對會幫，用自己的俸祿幫助別人度過難關。

戲曲和電視劇裡都演過《鍘包勉》，說他誤以為侄子包勉犯法，大義滅親，將包勉殺了（請參見第二頁彩圖）。其實按照宋朝的法律和官場規矩，侄子犯法，他要迴避，讓其他官員來審案。按照他的性格，也不會輕易判人死刑。

戲曲和電視劇裡的包拯神通廣大，可以在陰陽兩界自由穿梭，既能審理人世間的種種奇案，又能替鬼伸冤。真實的包拯當然沒這麼神，他也有被蒙蔽的時候，也做過並不公正的判決。在現實生活中，他甚至還有些護短，不讓老百姓告他的門生，不讓同僚逮捕他的下屬。恰恰因為他有這樣和那樣的缺點，才更像一個活生生的正常人。我們知道，是人都會有缺點。

包公戲為什麼需要三口銅鍘？

真實的包拯判案，並不動用刑具，而戲曲和電視劇裡的包拯卻有三口銅鍘：龍頭鍘對付皇親國戚，虎頭鍘對付文武百官，狗頭鍘對付地痞惡霸（請參見第二頁彩圖）。

按宋朝法律，除了抓捕時用的枷鎖鐵鍊、審案時夾人手指的拶子，以及判決後打人屁股的板子、絞人脖子的繩索、砍人腦袋的大刀，其他刑具都是非法的。包拯在開封府審案，那是天子腳下，更不會胡來，絕不可能當堂鍘掉犯人的腦袋。

戲曲和電視劇為什麼要給包拯三口銅鍘呢？因為要取悅受眾。

一個案子只要足夠離奇，查案的過程只要足夠撲朔迷離，就可以取悅受眾。例如我們看福爾摩斯偵探小說，一步一步跟著劇情往前走，解開一個又一個謎團，最後真相大白，好人獲勝，壞人慘敗，總能獲得智力與道德上的雙重快感。近些年，清官斷案的故事不斷被拍成電視劇，例如《包青天》、《新包青天》、《施公案》、《狄公案》、《海瑞傳奇》、《神探狄仁傑》等劇碼，收視率都很高，就是因為觀眾可以獲得這些快感。

不知道大家注意到沒有，同樣是偵探作品，西方作品更注重表現神祕莫測的偵查過程，而中國作品除了表現偵查過程，還要將壞人受審的結局用濃墨重彩的方式表現出來。特別是元代雜劇、明代唱本和清代小說的包公辦案故事，案情並不怎麼複雜，大量筆墨都用在包公刑求壞蛋和鍘掉壞蛋的細節上。

我們現在看古代包公戲，有時候會覺得包公很殘忍，但是古代中國的受眾卻特別喜歡，因為他們身處於特別專制、特別腐敗、特別不公正的時代，現實生活中得不到懲治惡人的機會，只能透過一個半真半假的清官，和一些完全虛構的刑具來發洩。

《宋史．刑法志》中記載南宋末年的司法黑幕：地方官員只有審訊和判決的權力，並沒有殺人權，可是一些官員判完案就殺人，以免犯人上訴；普通犯人不應該佩戴枷鎖，可是基層官吏為索取賄賂，故意將對付江洋大盜的重枷用在普通犯人身上，一上枷就是一、兩個月，甚至一年半載，犯人家屬如果不來行賄，就得眼睜睜看著犯人死在枷鎖之下；朝廷要求看管監牢的官吏提供每一個犯人飲食和最基本的醫療設備，但是這些官吏將朝廷撥付的相關經費據為己有，不給犯人吃飯，如果家屬不來送飯，犯人會被活活餓死；獄卒向犯人索賄不成，會指派其他罪犯打人；法官明明知道犯罪嫌疑人受冤，仍然任憑獄卒將其虐待至死，然後再以病死的名義上報給朝廷；當事人認為司法不公，本來可以一級一級地上訴，從縣衙告到州衙，從州衙告到府衙，從府衙告到提刑司，從提刑司告到刑部、御史臺、大理寺，直到登聞鼓院擊鼓告御狀，但是地方官會派人去「截訪」，將試圖上訴的犯人和犯人家屬謀害至死。

在這樣暗無天日的舊時代生活，平民百姓幾乎看不到一絲一毫的希望，幾乎沒有「沉冤得雪」的機會。他們渴望像包青天那樣公正判案的法官，他們更渴望透過包青天之手，狠狠報復使他們遭受不公的壞蛋，所以用來對付壞蛋的殘忍刑具，就在戲曲中登場了。

包拯的銅鍘從元雜劇中開始出現。元朝的政治比南宋末年更腐敗，元朝的司法比南宋末年更黑暗，元雜劇中的包公不僅用鍘刀做判決，有時在判決之前，還要來一番血淋淋的刑求，以便讓受眾發洩憤懣。

北宋末年的政治也很腐敗，於是有方臘率領農民造反。農民軍逮到官吏，必定砍掉官吏的四肢，抽出肚腸，潑上油焚燒，用亂箭射穿身體。[2]黑暗的政治培育了狠毒的民眾，狠毒的民眾渴望殘忍的包青天替他們伸冤。

有什麼樣的政治，現實生活中就有什麼樣的民眾；有什麼樣的民眾，藝術作品中就有什麼樣的包青天。

在包公戲中，包青天有御貓展昭護駕，有王朝、馬漢、張龍、趙虎隨身，還有錦毛鼠、鑽天鼠、徹地鼠、穿山鼠、翻江鼠等五名俠客幫忙辦案。

俠客武功與清官智慧的完美組合

包青天不是獨自上陣，他有御貓展昭護駕，有王朝、馬漢、張龍、趙虎隨身，還有錦毛鼠、鑽天鼠、徹地鼠、穿山鼠、翻江鼠等五名俠客幫忙。

這些人當然都是虛構的。

宋朝人取名，禁止用「龍」字，因為龍代表皇帝，以龍為名，那是想篡權奪位，犯了朝廷的大忌。真實的包拯或許有四個護衛，但是其中一個護衛絕對不會叫作張龍。

何家勁扮演的展昭很帥，但他也不可能是真實人物，真人不可能有那麼好的輕功，完全違背物理定律嘛！

至於五鼠，他們的藝術形象出自清代小說《三俠五義》，而《三俠五義》中的五鼠又是從明代說唱詞話《五鼠大鬧東京記》演化而來。

我們來看看《五鼠大鬧東京記》的故事梗概：丞相包公鎮守邊疆，忽然被皇帝召回開封。原來皇帝被妖怪迷惑，日夜憂煩，寢室不安，請包公回去除妖。包公開天眼一瞧，明白是五個老鼠精作亂。他派出二十四名官差，取出三十六般刑具，捉到四個老鼠精，還有一個最厲害的鼠精沒被捉到，化身成包公去了開封府。包公憑藉自己的法力降服不了這個鼠精，一縷英魂直奔天庭，請出天兵、天將下凡，最後將五個老鼠精一起消滅。

也就是說，五鼠本來是妖怪，到《三俠五義》中，被塑造成俠客。

俠客路見不平拔刀相助，行善罰惡替天行道，在東西方文學中都很受歡迎，但是將俠客與清官放在一起，恐怕也只有中國文學可以做到。結合俠客的武功與清官的智慧，或許更能滿足讀者的幻想，更能讓無處尋找正義的受眾揚眉吐氣吧。

雜取種種人物原型，融成一個包青天

魯迅講過作家塑造人物的兩種方法：一是從生活中找一個原型做為範本，一是雜取種種人，合成一個，將很多個原型的特徵融匯到一個人物上。

包青天就是透過第二種方法塑造出來的，包公案也是透過第二種方法彙集來的。以包公判案為主題的電視劇至少有幾十個版本，加起來至少拍了幾千集，而真實的包拯在開封府只審一年多的案，哪有那麼充沛的精力審那麼多的案子？又哪有那麼多的案子交給他審呢？

《三俠五義》中的包公案，以及此前《百家公案》、《龍圖公案》的包公案，以及元代雜劇和明代唱本的包公案，其實大多是將其他官員判過的案子和其他故事出現過的案子，全部嫁接到包公身上。

舉一個例子，就說元雜劇當中的《包待制智勘灰闌記》：兩個婦人爭奪一個孩子，都說孩子是自己生的，那時候又不能做DNA鑑定，查明孩子的親生母親實在很難。包公想出一計，用草木灰在地上畫一個圈，將孩子放在圈內，讓兩個婦人去拉孩子的手臂，誰能把孩子拉出圈外，誰就勝訴。孩子的親生母親當然不捨得使勁，假冒的母親卻拚命拉扯，於是真相大白，搞清楚了孩子的歸屬權。

追查史料，這個故事在漢朝人應劭寫的《風俗通》就出現過：河南許昌有一家富戶，兄弟二人都結了婚，妻子都懷了孕。嫂嫂不慎流產，弟媳生了兒子，為爭奪家產的繼承權，嫂嫂一口咬定那個孩子是自己生的。雙方各執一詞，各說各的理，打了三年官司，法官判決不下。後來黃霸在許昌當市長，找一個壯漢抱著孩子，讓嫂嫂和弟媳去搶孩子，誰搶到就算誰的。嫂嫂用力去搶，弟媳怕傷了孩子，不敢用力，黃霸據此判決孩子是弟媳生的。[3]

佛經《賢愚經》也有類似的故事：兩個婦女爭孩子，請國王判決。國王讓她們一人抓著孩子的一隻手，玩拔河比賽。親生母親不敢使力，輸了比賽，贏了孩子。[4]

甚至連《舊約聖經》中都收錄幾乎完全相同的故事，判案人是以智謀著稱的所羅門：一日，有兩個妓女來，站在王面前，一個說：「我主啊，我和這女人同住一個房間，她在房中的時候，我生了一個男孩。我生孩子後的第三日，這婦人也生了孩子。

我們是同住的，除了我們二人之外，房中沒有別人。夜間這婦人睡著的時候，壓死了她的孩子。她半夜起來，趁我睡著，從我旁邊把我的孩子抱去，放在她的懷裡，將她的死孩子放在我的懷裡。天亮的時候，我起來要給我的孩子吃奶，不料，孩子死了。及至天亮，我細細地察看，那不是我所生的孩子。」那婦人說：「不然，活孩子是我的，死孩子是妳的。」這婦人說：「不然，死孩子是妳的，活孩子是我的。」他們在王前如此爭論。王說：「這婦人說，活孩子是我的，死孩子是妳的。那婦人說，不然，死孩子是妳的，活孩子是我的。」就吩咐說：「拿刀來。」王說：「將活孩子劈成兩半，一半給那婦人，一半給這婦人。」活孩子的母親為自己的孩子又急又痛，就說：「求我主將活孩子給那婦人吧，萬不可殺他。」那婦人說：「這孩子也不歸我，也不歸妳，把他劈了吧。」王說：「將活孩子給這婦人，不可殺他，這婦人真的是他的母親。」

《聖經》有類似的故事，佛經有類似的故事，漢朝書籍有類似的故事，它們都比包公斷案故事出現得更早，我們基本上可以判定，包公斷案是抄了人家。

電視劇《包青天》大多數的故事出自《三俠五義》，《三俠五義》大多數的案子出自《百家公案》，《百家公案》幾乎所有的故事都有原型，分別改編自《搜神記》、《夷堅志》、《太平廣記》、《江湖紀聞》、《清平山堂話本》和元雜劇，而元雜劇的包公故事也是從歷朝與各地的民間故事改編而來。

包青天是怎樣形成的？就是這樣形成的：創作者雜取種種判案故事，集合到一個人身上，塑造出一個集正直與智慧於一身的包青天。

和真實的包青天進行對話

這本小書寫的包青天，當然不是小說家和劇作家塑造出來的包青天，而是歷史上真實的包青天。我希望剝去小說家和劇作家在包拯身上塗抹的所有色彩，讓大家看清楚真實的包拯長什麼樣子。

當我寫這篇序言的時候，臺灣博客來網路書店發來一個採訪大綱，其中問了這麼一個問題：

> 您的歷史書寫從飲食、財富到住宿，著眼於古代的生活史。然而，為什麼要關

心古人吃什麼或怎麼過年？或當時的房價是怎麼回事？就算知道了又怎樣？您認為重建古人生活對現代生活有什麼意義呢？

是的，我沉迷於挖掘真實的古代生活，醉心於描述真實的古代人物。古人早就死了，歷史早已遠去，無論我們看到的包青天是否真實，他都與現代生活無關。那我為什麼還要寫這本書呢？您為什麼還要看這本書呢？

其實歷史並沒有遠去。今天的領土紛爭、政治糾葛、文化衝突，莫不牽扯歷史；今天我們用的漢字、說的語言、使用的成語，莫不牽扯歷史；今天我們的風俗習慣、飲食偏好、國民素質，莫不牽扯歷史。我們每個人的每一步，都在創造歷史，我們每個人的每一天，都是未來歷史的起點和過往歷史的延續，無論你想還是不想，歷史都在這裡。

過去中國人總是太看重歷史的現實意義。歷史確實有現實意義——我們多讀讀歷史，多了解一些祖先的生活，至少在闔上書本的那一剎那，心胸會開闊一些，會覺得好像從久遠的過去一直活到了今天，然後在看到孩子的成績單時，就不會再發脾氣：算了算了，陶淵明生了五個傻兒子，包青天直到三十九歲才開始上班，他們都不急，我急什麼呢？

當然，這是玩笑。我認為歷史最大的現實意義，就是它能讓我們快樂，讓我們獲得美的體驗。文學與藝術是一種美，真實的歷史是另一種美。

假的包青天在電視劇裡出現，在戲曲舞臺上出現，在文學作品裡出現，那些故事不是歷史，但是非常好玩，非常有趣，它們很美。真的包青天就藏在這本小書裡，他即將跳出來與您對話，這個對話過程一樣很美。

注釋

1 原文為「凡在仕宦，以廉勤為本，人之才性各有短長，固難勉強，唯廉勤二字，人人可至。」

2 《容齋續筆》卷五〈盜賊怨官吏〉：「必斷臠肢體，探其肺腸，或熬以膏油，叢鏑亂身，備盡楚毒，以償怨心。」

3 原文為「潁川有富室，兄弟同居，其婦俱懷妊，長婦胎傷，匿之。弟婦生男，奪為己子，論爭三年不決。郡守黃霸使人抱兒於庭中，乃令娣姒競取之。既而長婦持之甚猛，弟婦恐有所傷，情極悽愴。霸乃叱長婦曰：『汝貪家財，固欲得兒，寧慮或有所傷乎？此事審矣。』即還弟婦兒，長婦乃服罪。」

4 原文為「見二母人，共諍一兒，詣王相言。時王明黠，以智權計，語二母言：『今唯一兒，二母召之，聽汝二人，各挽一手，誰能得者，即是其兒。』其非母者，於兒無慈，盡力頓牽，不恐傷損。所生母者，於兒慈深，隨從愛護，不忍挫挽。王鑑真偽，語出力者：『實非汝子，強挽他兒，今於王前，道汝事實。』即向王首：『我審虛妄，枉名他兒。』大王聰聖，幸恕虛過，兒還其母，各爾放去。」

目錄

【肆】 包公的親友與後代

【附錄】

壹

包青天沒你想得那麼黑

初見包公登臺，還以為停電了

有一年，臺灣衛視綜藝節目《旅行應援團》到宜蘭介紹美食，女主播謝忻小姐搞怪變身，把粉嫩嫩的小臉塗得烏漆麻黑，並在額頭上畫了一道彎彎的月牙。

相信所有人都看得出來，她扮演的是包公。包公是誰？自然是中國歷史上那位最著名的清官，曾經在宋代開封擔任府尹，民間尊稱為「包青天」的包拯包大人。

這位包大人居官清廉，斷案如神，剷除貪官惡霸，為民伸張正義，深受老百姓愛戴，但是長相並不帥。

清代長篇話本小說《三俠五義》上寫道，包公剛出生時，是個「黑漆漆、亮油油、赤條條的小兒」。「赤條條」不奇怪，我們每個人出生時都是赤條條的；但是「黑漆漆」和「亮油油」，則說明包公膚色很黑，黑得發亮，好像非洲黑人。二〇一七年春節，巴黎唐人街彩妝文藝遊行，「王朝」和「馬漢」挎著腰刀，舉著「開封府」金字招牌，黑面包公居中而立，扮演者正是一位黑人（請參見第三頁彩圖）。

一九七四年，華視根據《三俠五義》改編製作了一部電視劇《包青天》，由儀銘飾演主角，全劇長達三百五十集；一九九三年，再度由金超群擔綱主演包公，全劇有二百三十六集。兩齣戲劇中，先後兩位包公扮相都是兩道濃眉，三綹長髯，眉間一彎月牙，方形闊口國字臉，扮相很酷，可是也很黑，一張臉賽似黑炭，不怒自威。

京劇包公的扮相就更黑了，除了臉頰黑裡透紅，額頭上畫了三道彎彎曲曲的白色圖案之外，整張臉都是黑的，如鍋底，如焦炭，如墨水打翻在宣紙上，比非洲人都要黑。沒看過包公戲的外國人初見包公登臺，會覺得眼前一黑，誤以為停電了。

包公真的這麼黑嗎？

現在北京故宮南薰殿藏有包公畫像，頭戴烏紗帽，身穿圓領紅袍，雙手捧著一只白

色笏板，獅子鼻，方海口，大耳垂輪，鬍鬚微微發白，閉著嘴，面帶微笑，那臉色是淡黃的。

河南開封包公祠有一尊包公塑像（請參見第三頁彩圖），大約六十歲的樣子，在「正大光明」匾額下面正襟危坐，長鬚長眉，面龐清瘦，白裡透黃，鼻直口方，年輕時肯定是個帥哥。

安徽合肥包公祠也有一尊包公塑像，和開封包公祠那尊像的造型非常相似，幾乎就像雙胞胎，只不過頭頂上的匾額從「正大光明」換成「寒芒正色」，屁股下的椅子從有靠背、有扶手三面包圍，變成只有靠背、沒有扶手。

您看，無論畫像還是塑像，都不同於電視劇的包公和話本小說的包公。

包公是古人，古代沒有照相技術，流傳下來的畫像與塑像並不一定符合歷史真實。還好歷史上有人對包公的長相進行過文字上的簡單描述，總共只有六個字：「面白皙，有豐儀。」面白皙，說明包公長得不但不黑，還很白；有豐儀，說明包公很胖，大概屬於粗壯魁梧那種體型，倒有些像《包青天》的主演金超群。華視一九九三年版《包青天》播出十六年後，新版《包青天》再度登場，主演還是金超群。據金超群說，為了新劇開機，他瘋狂減肥十幾公斤。其實他不用減肥，也不用化妝，只需本色出演，就符合包公白白胖胖的真實形象。

「面白皙，有豐儀」這是現存文獻中唯一描述包公長相的可靠記載。為什麼這記載可靠呢？因為它出自宋朝人張田之口，而張田是包公的門生兼兒女親家。包公活著的時候，曾經多次向朝廷舉薦張田；包公去世以後，張田親自整理出版他的文集，並先後為他的妻子董氏和兒媳崔氏撰寫墓誌銘。兩人關係如此緊密，張田的記載當然是最可靠的。

從白面書生變成黑臉包公

本來白白胖胖的包公，怎麼會變出一張黑臉？這要從話本小說和戲曲版本的不斷演變說起。

包公是宋朝人，他的故事從宋朝就開始流傳。南宋小說集《醉翁談錄》中有一則〈紅綃密約張生負李氏娘〉，講的是張生與李小姐私奔，後又負心薄倖另娶他人，李小姐找到包公告狀，包公為她主持公道的故事。

明代小說集《醒世恆言》中有一則〈宋四公大鬧禁魂張〉，講的是宋朝故事，看行文口氣，也是從宋朝話本改編而來，開頭就說東京汴梁遍地盜賊，直到包公做府尹，地方治安始得清淨。

還有一則宋話本《合同文字記》：開封府鬧災，居民劉添瑞外出逃荒，臨行前與哥哥劉添祥立下合同，約定家產歸兄弟二人共有。後來添瑞病故，添瑞的兒子劉安住回鄉認親，哪知道伯父劉添祥為了獨霸家產，拒絕認親，還把侄子安住打傷。安住去開封府衙告狀，包公親自審理，弄清了真相，懲處了劉添祥，補償了劉安住。

以上三種話本小說都出現包公，但是並沒有提到他的長相。包公是黑是白？是俊是醜？是高是矮？是胖是瘦？一個字都沒說。

元朝包公戲非常興盛，流傳至今就有十幾種，包括關漢卿創作的《包待制三勘蝴蝶夢》、《包待制智斬魯齋郎》，李行甫創作的《包待制智賺灰闌記》，武漢臣創作的《包待制智賺生金閣》，以及迄今已不知編劇姓名的《包待制陳州糶米》、《包待制智賺合同文書》、《王月英元夜留鞋記》、《玎玎璫璫盆兒鬼》、《神奴兒大鬧開封府》等（請參見第四頁彩圖）。

這些劇本將包公形象不斷加碼，給他配備勢劍（相當於尚方寶劍）和金牌，讓他擁有晝審陽間、夜斷陰朝的超能力，但是仍然沒有具體刻畫包公的面容。遙想當年，元代演員在舞臺上飾演包公時，一定有相對制式化的扮相，可惜沒有行頭和圖畫流傳下來。

到了明朝，以說唱為主的包公詞話開始流行，包公在文字記載中逐漸變得清晰可見。成化年間（一四六五～一四八七年）詞話唱本《包待制出身傳》這樣刻畫包公：「末遇三郎長得醜，八分像鬼二分人。面生三拳三角眼，太公一見怒生嗔。」又說：「頭髮粗濃如雲黑，兩耳垂肩齒似銀。鼻直口方天倉滿，面有安邦定國紋。」鼻直口方，前額飽滿，頭髮粗黑，兩耳垂肩，臉上一雙三角眼，還長著三個像拳頭一樣大的腫瘤，二分像人，八分像鬼，長相奇醜。

明代萬曆二十二年（一五九四年），包公故事集《新刊京本通俗演義全像百家公案全傳》刊行，這是第一部專門敘述包公斷案的短篇小說集，也是目前所知第一部將包公變成黑臉大漢的藝術作品。這本書第七十回〈斷王御史之贓〉寫道：

（王御史與徐監官）正飲酒間，忽一黑漢撞入門來。

王御史問：「誰人？」

黑漢道：「我是三十六宮四十五院都節度，今日是年節，特來大人處討些節儀。」

王御史吩咐門子與他十貫賞錢，賞之三碗酒。那黑漢吃了三碗酒，醉倒階門前叫屈。

這位喝酒、耍賴、裝瘋、蠻不講理的黑漢，正是我們的包青天。

為什麼要抹黑包公的臉？

包公是合肥人，合肥古稱廬州，廬州有一個地名叫香花墩，香花墩上有一座包公祠，祠中塑有包公肖像。

清代嘉慶年間（一七九六～一八二〇年），廬州知府張祥雲去包公祠參拜，見到雍容儒雅、白面長鬚的包公像，忍不住感嘆道：「包公塑像遍布全國，都是很醜的那種，讓人看了冷汗直流，不敢仰視，小腿抽筋，無法走路，像見鬼似的。現在我奉命出任廬州知府，來到香花墩上參拜包公，見到的卻是另一種塑像，身軀雄偉，面容和藹，眉目之間，甚是可親，完全不是外面常見的那副怪模樣。唉，世人喜好古怪的程度真是太離譜了！」[1]

包公本來並不黑，文藝作品讓他變黑；包公本來並不醜，文藝作品故意把他塑造得很醜。為什麼要這樣做呢？正是「人之好怪」的心理在作怪。

傳統文藝作品當中，異人必有異相。比如舜的眼睛有兩個瞳仁，劉備的手臂出奇的長，二郎神多出一隻眼，安祿山腳底三顆痣，秦瓊臉色黃似蠟，鍾馗五官醜似鬼，孫權碧眼，劉墉（劉羅鍋）駝背，清代演義小說《白眉大俠》的主人公徐良從小就長著一對雪白的眉毛。

非但文藝作品，就連史書也這麼寫：老子在娘胎待了八十一年；孔子的頭頂有一個大坑；漢高祖左腿上的黑痣密密麻麻，不多不少剛好七十二顆；漢光武帝額頭上有一塊骨頭高高凸起，好像犀牛長了角；隋文帝楊堅呱呱墜地，「頭上角出，遍體鱗起」；唐太宗李世民出生時，「時有二龍戲於館門之外，三日而去」。

此後的宋太祖、宋太宗、明太祖、明成祖、清太祖、清世祖等，凡是在位時建功立業、略有出息的君王，出生時的場面都很壯觀，不是「紅光繞室」，就是「白虹貫日」，或者爸爸、媽媽晚上做噩夢，夢見一隻大龍飛到懷裡，怎麼趕都不走。總而言之，一個偉大人物生下來，十之八九是個怪胎，否則和你我一樣正常到乏味，怎麼能顯出其偉大不凡呢？

像史書上許許多多偉大人物一樣，包公落地時也是個怪胎。按《三俠五義》第二回描寫，包公誕生那天，他的爸爸包員外夢見半空中祥雲繚繞，瑞氣千條，猛然間紅光一閃，面前落下一個怪物來：「頭生雙角，青面紅髮，巨口獠牙，左手拿一銀錠，右手執一朱筆，跳舞著奔落前來。」包員外大叫一聲醒來，剛好小丫鬟跑進屋報喜：「員外大喜了，方才安人產生一位公子，奴婢特來稟知！」而根據中國說書表演藝術家田連元廣播的說書《包公案》，包公乍出娘胎，竟然是一顆圓滾滾的肉球，被他爸爸一刀劈開，從裡面跳出來一個小黑孩。

包公被刻畫得那麼醜、那麼黑、那麼古怪，完全不迎合審美標準，但是卻符合藝術規律：第一，愈是醜怪的藝術形象，愈容易被人記住；第二，面惡心善，色黑質白，面容醜怪而心地正直，可以形成強烈的藝術反差；第三，就像我們前面說的那樣，傳統觀眾對偉大人物心懷期許，希望他們一生下來就和普通人不一樣，為了滿足大家的期望，登上舞臺的偉人要麼夠帥，要麼夠醜，包公只是湊巧被描畫得夠醜罷了。

不過臺劇《包青天》的包公並不算醜，僅僅是膚色略微黑一點，以此昭示他的鐵面無私。如果像京劇臉譜那樣入鏡，如果像明成化唱本《包待制出身傳》那樣「八分像鬼二分人，面生三拳三角眼」，則又過於違背現代觀眾的審美標準，會損失好多收視率。

注釋

1 原文為「公肖像滿天下，使人汗駭僵走，不敢仰視。今奉命守廬，拜公遺像於香花墩上，岳岳懷方，和藹溢於眉睫，無外間妄塑非常狀。甚矣，人之好怪也！」

額頭上的月牙怎麼來的？

就現代人而言，臺劇《包青天》的包公扮相最為深入人心：國字臉黑裡透紅，不怒自威，三綹長髯胸前飄灑，額頭上還有一彎小小的月牙。自從這部劇熱播以後，後來再拍的《新包青天》、《少年包青天》，以及周星馳主演《九品芝麻官》裡模仿包青天的包龍星包大人，額頭上都有一彎月牙。

這彎月牙是怎麼來的呢？

有人說，包公小時候淘氣，學大人趕牲口，被驢踢了腦袋，所以留下一道形如月牙的傷疤。

有人說，包公幼年騎馬，不小心摔落在地，被馬踩在頭上，於是多了這彎月牙。

還有人說，包公神通廣大，能在陰陽兩界自由穿梭，白天當府尹，斷人間冤獄；晚上做閻王，判陰間生死。他一雙眼睛象徵著「日斷陽」，前額那彎月牙象徵著「夜斷陰」。

以上解釋都很合理，但都是事後諸葛，是現代人或者近代人對包公形象的通俗理解。推本溯源，包公的電視形象仍然是從戲曲形象演化得來。

元雜劇中包公戲雖多，未見刻畫包公臉譜。據戲曲研究家齊如山《國劇藝術匯考》考證，元代包公戲中的包公一般是兩道白眉毛、一張大黑臉，沒有月牙。京劇泰斗梅蘭芳藏有一幅明代包公臉譜，也是一張大黑臉，兩道白眉斜飛至鬢，額上沒有月牙。

進入清代，京劇舞臺上的包公終於有了月牙造型。例如《升平署扮相譜》與《清宮戲畫》中收錄的包公臉譜，均為黑臉紅唇，白眉入鬢，一彎月牙占了半個前額（請參見第五頁彩圖）。此後金少山、裘盛戎、董俊峰、侯連英等名角飾演包公時，額頭上也都勾畫了月牙，其區別僅僅是月牙的形態或大或小，月牙開口的方向或左或右而已。

現在問題來了：歷代都有包公戲，為什麼到清代才出現月牙呢？原因可能有三：

一、清代包公信仰更加盛行，包青天「日斷陽，夜斷陰」的形象被進一步神化，於是象徵「陰朝」的月亮就出現在包公頭上。

二、清代少數民族入主中原，原先盛行於滿族與蒙古族的原始巫術隨之對中原文化產生影響，薩滿教中那些鏤刻或者漆畫日月造型的驅儺面具，漸漸影響到戲曲舞臺上的臉譜造型，包公戲與巫術相雜糅，面具上的月牙就被挪到了包公頭上。

三、清代男性髮型怪異，前額頭髮剃得光溜溜，彷彿禿頭，扮演男角的戲曲演員必須在前額上勾畫某些圖案，否則會顯得空空蕩蕩。於是乎，靈官的額頭多了一道閃電，哪吒的額頭多了一枚紅點，朱溫的額頭多了一塊雲朵，包公的額頭多了一彎月牙。

總而言之，包公是在清代戲曲舞臺上定型的，過去的戲曲造型影響了後來的影視造型，過去的包公戲影響後來的《包青天》。不過《包青天》的劇組並沒有完全照搬戲曲造型，僅僅是保留黑臉和月牙，並且將大得誇張的月牙縮小成一個小小的疤痕，同時還非常果斷地捨棄包公臉譜上那對白眉毛。假如不這樣取捨，直接讓包公以臉譜造型入鏡，一定會嚇壞小朋友。

戲曲中包公出身富二代

戲曲不僅弄黑了包公的膚色，同時也弄黑了包公的家世。

元雜劇《盆兒鬼》第四折，包公登場：

老夫姓包名拯，字希文，乃廬州金斗郡四望鄉老兒村人也。

姓包名拯，這沒錯。但包拯的字不是希文，而是希仁。再查他的籍貫，墓誌銘上分明寫的是「合肥縣公城鄉公城里」，而不是什麼「金斗郡四望鄉老兒村」。按宋朝行政區劃分，只有路、州、縣，「郡」早已取消，所以「金斗郡」云云，全是元朝編劇胡扯。

明朝編劇也胡扯，成化年間說唱詞話《包待制出身傳》開篇是這麼寫的：

聽唱清官包待制，家住廬州保信軍。
離了廬州十八里，鳳凰橋畔小包村。
爺是有錢包十萬，媽媽稱呼叫太君。
家有水田三千頃，每雇長工千百人。
好養耕牛千百個，嗚鑼便是放牛人。

廬州（合肥）城外有一座鳳凰橋，鳳凰橋畔有一個小包村，小包村有一位土財主，坐擁稻田三萬畝（三千頃），長工千百人，家有錢財萬貫，當地人都喊他「包十萬」。這個包十萬，就是包公的爸爸。

乍一聽，包公很像美國總統華盛頓。華盛頓的爸爸是一位農場主，非常闊氣，名下莊園幾萬畝（八千英畝），奴隸幾百人。包公的爸爸則是一位大地主，也非常闊氣，名下稻田幾萬畝，長工幾百人。包公和華盛頓都是富二代。

但是戲曲裡包公的童年卻比華盛頓痛苦多了。

華盛頓的爸爸很開明，兒子砍了櫻桃樹，向他承認錯誤，他不但不懲罰，還表揚兒子的誠實。包公的爸爸呢？淺薄、庸俗、以貌取人，對包公幾乎沒有任何感情，還差點兒把包公遺棄了。

我們接著看《包待制出身傳》的唱詞：

十萬親生三個子，頭生兩子甚超群。
末遇三郎生得醜，八分像鬼二分人。
面生三拳三角眼，太公一見怒生嗔。
【念白】包太公一見第三個兒子生得醜陋，叫童童便抱去南山下澗水中淹殺，免得後來千年之害。
驚動閒人猶自可，宅中驚動有恩人。
驚動有恩包大嫂，大嫂前來說事因。
【念白】大嫂見公公要把三叔淹死，大嫂拜告，免把三叔淹殺。
大嫂直至廳階下，深深下拜說原因。
三叔雖然生得醜，一雙眉眼怪雙輪。

頭髮粗濃如雲黑，兩耳垂肩齒似銀。
鼻直口方天倉滿，面有安邦定國紋。
公公不要三叔後，媳婦乞叔作兒孫。
看養在房年十歲，看看長大得成人。

包公上面有兩個哥哥，長相都挺帥，輪到包公出生，壞了，三角眼，頭上三個腫瘤，二分像人，八分像鬼。他爸爸一瞧，這孩子不是人，是妖怪轉世，趕快抱到南山，扔進水裡，把這害人精給我淹死！

幸虧包公的大嫂心腸好，趕緊向公公求情，為包公撿回了一條小命。大嫂將包公抱回房裡，像撫養自己的孩子一樣親自哺育，一直將他養大成人。

《包待制出身傳》是我們現在能讀到的第一部詳細描寫包公家世的藝術作品，它為後來所有的包公戲都定下一個相同的基調：包公出身富裕之家，但是童年不幸，因為遭到父親的遺棄。

清代說唱抄本《龍圖耳錄》（《三俠五義》的前身）第一回介紹包公出身：

且說江南廬州合肥縣內有個包家村，村內有個包員外，名懷，家道巨富，良田千頃，為人樂善好施，安分守己，因此人人皆稱為「包百萬」。包懷原是謹慎之人，既是有「百萬」之稱，唯恐擔當不起，又難以攔阻眾人，只得將包家村改為小包村，以為自己謙和、不敢當的意思。就此一事，可見他為人再不是妄自尊大、欺壓良善那一類的人了。院君周氏，夫妻二人皆在四旬以外，所生二子：長名包山，娶妻王氏，生了一子，才經滿月；次子包海，娶妻李氏，尚無兒女。他弟兄兩個雖是同胞所生，秉性卻不相同。大爺包山為人忠厚老成，妻子王氏也是賢德有餘的；二爺包海為人尖酸刻薄，偏偏他的妻子李氏又是心地不端的。不意院君周老安人年紀已過四旬，忽然懷孕在身，員外好生不樂。

按《龍圖耳錄》，包公的父親名叫包懷，家道巨富，人稱「包百萬」（比《包待制出身傳》裡的「包十萬」又闊氣十倍）。包懷有三個兒子，長子包山，次子包海，在前兩個兒子都成家之後，突然又生下第三個兒子包拯。

日本東京大學東洋文化研究所藏有一套比較簡略的說唱抄本《龍圖公案》，第一回這樣敘述包公家世：

單說文曲星君落凡。在廬州小包村中，有一位員外姓包，名如梅，安人趙氏。所生二子，長名包忠，次名包全，俱是完過了婚。忽然間老安人身懷六甲，倒有十三個月分娩。

按《龍圖公案》，包公的父親名叫包如梅，也是生下三個兒子：長子包忠，二子包全，三子包拯。包拯出生最晚，在媽媽肚子裡待的時間卻最長，別人十月分娩，他足足等了十三個月才呱呱墜地，昭示著他的生而不凡。

不管唱本作者怎樣給包公的爸爸和哥哥們改名字，都沒能改變包公一生下來就慘遭遺棄、幸而又被大嫂收養的傳奇經歷。

然而，歷史事實真的是這樣嗎？

包公有個好爸爸

事實上，包公的爸爸不是包十萬，也不是包百萬，他不叫包懷，也不叫包如梅，他真正的名字叫包令儀。

讓我們打開包公兒子包綬的墓誌銘：

公姓包氏，諱綬，字君航，世居合肥，故贈太子少傅諱士通之曾孫，故任虞部員外郎贈太保諱令儀之孫，故樞密副使贈開府儀同三司謚曰孝肅諱拯之子。

包綬字君航，是包士通的曾孫、包令儀的孫子、包拯的兒子。

再打開包公孫子包永年的墓誌銘：

公諱永年，字延之，世為廬州合肥人。曾祖諱令儀，故任虞部員外郎，累贈太保。祖諱拯，樞密副使，累贈開府儀同三司，賜諡孝肅。

包永年字延之，曾祖父名叫包令儀，祖父即包公。很明顯，包公的父親就是包令儀。

這個包令儀絕非庸俗淺薄的土財主，他可是做過官的士大夫。前述兩篇墓誌銘都曾提到，包令儀「故任虞部員外郎」，「贈太保」。太保是官銜，但是前面加一「贈」字，說明這個官銜是死後添上去的，是榮譽頭銜，並非活著時掙到手的官職。

包令儀活著時掙到手的官職是「虞部員外郎」。早在隋唐時期，尚書省分設六部，六部中有一個工部，工部下面又分設工部司、水部司、虞部司、屯田司，每司設一個郎官和一個員外郎，其中虞部司員外郎負責協助本司郎官對全國山林湖泊的開採進行管理，相當於如今內政部營建署的處長級官員。不過北宋前期的官制非常變態，官銜與職責完全分開，朝廷讓一個人做虞部員外郎，絕對不會讓他去管理山林湖泊，僅僅是憑藉這個官銜給他定品級、發工資而已。比方說司馬光三十九歲時被任命為「祠部員外郎」，名義上是一個禮部官員，但他不能去禮部上班，因為真正的工作是「判吏部南曹」，需要去人事部上班，那個禮部官銜「祠部員外郎」僅用來表明他的官位和薪俸級別。

同樣道理，「虞部員外郎」只用來表明包令儀的官位和薪俸級別，這是一個從六品的官銜，比正六品小，比正七品大。而包令儀真正的工作是什麼呢？按包公兒媳文氏墓誌銘記載：「夫人王父，贈太師尚書令兼中書令諱洎，與朝奉公王父贈太保諱令儀同官閣中。」說明包令儀曾經與北宋名臣文彥博的父親文洎「同官閣中」，一起做過皇帝祕書班子中的低階文官。另據明朝嘉靖年間修撰的《惠安縣誌》，第十一卷〈秩官・宋知縣〉有載：「包令儀，祥符五年任。」宋真宗大中祥符五年（一〇一二年），包令儀在福建省泉州市惠安縣就任知縣。

在地方上做過知縣，在京城裡做過低階文官，以虞部員外郎的官銜領薪水，曾經和文彥博的父親文洎做同事，正史無傳，野史無載，只能從墓誌銘和地方誌中發現蛛絲馬跡，籍籍無名，默默無聞，一個從六品官員，這就是包公的爸爸包令儀。

可能是因為包公太有名了，後人不想讓包公的爸爸過於沒沒無聞，所以又給他加了一些頭銜。明朝萬曆年間《廬州府志》第九卷〈鄉賢列傳〉這樣介紹包令儀：「字肅之，進士及第，授朝散大夫，行尚書虞部員外郎，分司南京，上護軍，贈刑部侍郎。」康熙年間重修的《廬州府志》手筆更大，乾脆讓包令儀在宋太宗太平興國年間中「進士第一」，也就是中了狀元。

查《文獻通考・選舉考》中宋太宗太平興國年間進士名錄，根本沒有包令儀的名字。而且按照北宋前期官制，一個人只要中了進士，朝廷不可能給他一個「虞部員外郎」的官銜，因為這種官銜通常只用來安排非正途出身的「雜佐官」，例如那些只中舉人、沒中進士、靠給地方官做幕僚有功而得到舉薦的官員。所以包令儀不但沒有中過狀元，甚至很可能連進士都沒有中過，他應該就是從底層幕僚苦熬出身的科場失利者。

即便如此，包令儀也是合肥包氏家族中第一個跳過龍門的人。看包拯墓誌銘就知道，包公祖父包士通「贈太子少傅」，祖母宣氏「追封馮翊郡太夫人」，說明祖父母在世時均為平民百姓，死後才因為包公或者包令儀的功勞而得到官銜與封號。

包公向宋仁宗寫過一封〈求外任〉的奏章，他在奏章中追憶少年時光：出生於平民之家，後來父親做官，自己跟隨父親上任，在衙門裡刻苦攻讀，受到父親的悉心指導。[1]

包公的臉譜很清晰，而包公父親的形象卻很模糊。這個包令儀，是高是矮？是黑是白？在官場是清廉還是貪腐？對包公是慈愛還是嚴厲？我們不得而知。但在包公心目中，他應該是個好爸爸，對包公愛護備至，舐犢情深，父子二人的感情一定極好。包公墓誌銘記載：包公中了進士，朝廷派他去建昌（今江西省永修縣）做知縣。當時包公的爸爸退休在家，媽媽年紀大了，二老在家鄉住慣了，不想跟著兒子去外地上任（請參見第五頁彩圖）。包公將這些情況上奏給朝廷，朝廷改派他去合肥附近的和州做稅官。和州離合肥雖然很近，包公的爸爸、媽媽仍然不願去，為了不給兒子添麻煩，他們讓包公自己去和州。[2]

你看，父慈子孝，多麼溫馨的家庭！假如包令儀像《包待制出身傳》的包十萬那樣庸俗土氣，包公不可能少年時到父親任上讀書；再假如包令儀曾經遺棄包公，包公長大後也不可能這麼孝順。

注釋

1 原文為「生於草茅，蚤從宦學，盡信前書之載，竊慕古人之為，知事君行己之方，有竭忠死義之分，確然素守，期以勉循。」

2 原文為「天聖五年進士甲科，初命大理評事，知建昌縣。時皇考刑部侍郎家居，皇妣亦高年，樂處鄉里，不欲遠去，公懇辭為邑，得監和州稅。和鄰合肥，皇考妣猶不樂行，遣公之官。」

包公是嫂娘帶大的？

在明代詞話和清代評書當中，包公有兩個哥哥，大哥名叫包山或者包忠，二哥名叫包海或者包全。兩個哥哥都結了婚，大哥、大嫂忠厚老實，二哥、二嫂奸詐自私。包公出生後多災多難，爸爸不喜歡他，二哥、二嫂怕他長大後分家產，想方設法謀害他，多虧大嫂多方保護，包公才得以長大成人。所以包公對大嫂感激終生，親切地喊她「嫂娘」。

幼年包公的多災多難是藝術虛構，他的嫂娘當然也是虛構出來的。

浙江寧波天一閣原藏《鎮海横河堰包氏宗譜》，敘錄包氏祖先及歷代子孫：始祖包業，二祖包襲，三祖包士通，四祖包令儀。包令儀生有三子，長子包瑩，次子包穎，三子包拯。

故事中包公有兩個哥哥，宗譜裡的包公也有兩個哥哥，看起來故事很可信。但是且慢，按包氏宗譜記載，包瑩和包穎都在還沒長大成人的時候就早早地夭折了，包公成了包令儀事實上的獨子。所以包公不可能有嫂嫂，更不可能有嫂娘。

包公的兒子倒是有一個嫂娘。

包公結過兩次婚，娶了一妻一妾。妻為董氏，是武昌縣令董浩的女兒，也是包公的結髮妻子。這位董氏為包公生了一個兒子，取名包繶。包繶長到二十歲左右，娶妻崔氏，並獲得一個通判的官職，可惜婚後兩年，包繶就病故了。

包繶病故以後很多年，包公和董氏始終沒能再生養第二個兒子。大約快到六十歲的時候，包公開始納妾，娶的小妾姓孫，出身平民家庭。婚後不久，孫氏就懷了身孕。對包公來講，這本來是天大的喜事，但是很奇怪，不知道什麼原因，包公卻把孫氏趕回娘家。

回到娘家以後，孫氏生下一個兒子，就是包公的第二個兒子，也是後來為包公送終

在《鍘包勉》中，包公大義滅親斬了親侄子包勉，然後回鄉親自向嫂娘道歉。

的唯一一個兒子，取名包綬。

包綬出生那年，包公六十歲，包公的結髮妻子董氏五十八歲，夫妻兩人年邁體衰，已經無力撫養幼子。包公的小妾孫氏，也就是包綬的親生母親，那時候應該還很年輕，但是她的身分低賤，包家對她關閉大門，不讓她再回去。還在襁褓中的包綬被接到包府，而他的生母卻不能跟隨，那麼由誰來撫養他呢？答案就是包公的長媳崔氏。

崔氏是個苦命人，十九歲那年嫁給包公的長子包繶，二十歲那年生下一子，二十一歲那年丈夫去世，二十四歲那年兒子夭折。年輕守寡，夫死子亡，包公夫婦勸她改嫁，她不聽。娘家母親幫她說親，在湖南荊州給她找了一門親事，男方是她的表哥，剛滿三十歲，在衙門做師爺，可以說年歲相當，工作也不錯，但是她不答應。母親氣沖沖地質問她：「夫死守子，子死何待？」丈夫死了還有兒子，現在妳兒子都死了，還守什麼寡呢？為什麼不改嫁呢？包家有什麼值得妳留戀的呢？她回答：「有小郎如兒子，其門戶待我而立。」包家還有一個小兒子沒人撫養，我待他就像對待自己的兒子，等他長大成人、娶妻生子，我的任務才算完成，到那時候再跟我談改嫁的事情吧！

崔氏墓誌銘記載：「當包公夫婦先後去世之時，包綬還是小孩子，全靠崔氏撫養成人。崔氏為包綬聘請家庭教師，為包綬操辦親事，還派人多處尋訪，幫包綬找到親生母親孫氏。所以包綬對嫂嫂崔氏終生感激，像侍奉母親一樣侍奉她。」[1]

所以包公並沒有嫂娘，他的兒子包綬倒是有一個偉大的嫂娘。我們有理由相信，傳奇故事中包公的嫂娘原型就是他的長媳崔氏。換句話說，包公被長嫂撫養長大的故事，其實脫胎於包綬被長嫂撫養長大的歷史。

宋哲宗紹聖元年（一〇九四年），偉大的嫂娘崔氏去世了，享年六十二歲。第二年十月，她被埋葬於合肥縣公城鄉公城里包氏墓地。為她送葬的男丁當中有兩個人，一個是已經做官的包綬，另一個是她的兒子。這個兒子並不是她和包繶親生的，而是包綬從包氏家族中幫她挑選的繼子，名叫包永年。

按照中國人的老觀念，一門一戶如果沒有兒子繼承香火，那這戶人家就等於消失了。假如沒有生養兒子，或者兒子已經夭亡，就要從同宗同族甚至異姓家族中過繼一個兒子，此之謂「興滅繼絕」，是古人極為看重的大事。包繶死得早，崔氏親生兒子早夭，包綬幫她過繼了一個兒子，使她和早已亡故的包繶傳承有序，後繼有人，這也算是包綬對嫂娘養育之恩最為重要的一個報答吧！

注釋

1 原文為「當姑夫人捐館舍時，綬猶童孩，節婦迎師教導之，以至成人。為擇取良婦，又艱關求訪，得其所生。綬事節婦如母。」

猜猜包公什麼星座？

我們繼續看《包待制出身傳》。

話說包公被大嫂養到十五歲，大年初一那天去向父親包十萬拜年，包十萬仍然沒有回心轉意（可能還是覺得包公太醜，一見就討厭），打發小兒子去下田耕地：

暫時好衣都脫了，南莊去做使牛人。
南莊水田耕不了，晚夕不得轉莊門。

把身上穿的新衣服都脫了，換上破衣爛衫，趕著耕牛去南莊稻田裡翻地，把所有的田地全耕完再回來，差一分一毫就別想進家。

包公來到田裡，又氣又恨，又懶又睏，把犁鏵[1]當枕頭，躺在田壟上睡著了。一覺醒來，發現已經有人替他把田耕完了。他以為又是大嫂幫忙，牽牛回家向大嫂道謝，路上遇見一位算命先生。

算命先生主動向包公打招呼：「小郎君，算命不算？」

包公道：「我被爹爹罰在南莊耕田，有什麼好處？無錢算命。」

算命先生說：「我算命不要錢，你只說你出生年月。」

包公道：「我是淳化三年二月十五日卯時生。」

然後算命先生掐指推算道：「既是卯年並卯月，又逢卯日卯時辰，四個卯生下，卅二上濠州為縣宰，卅四上陳州治良民，卅八上治開封府，日斷陽間夜斷陰。」

算命先生唱完這段，化作一陣清風而去，原來他是太白金星下凡來指點包公的。

成化唱本《包待制出身傳》後來演化成明代長篇小說《百家公案》的引子〈包待制出身源流〉，將太白金星為包公算命這段故事講得更為詳細。大意是包公十歲那年上堂認父，被父親罰到南莊耕地，耕不完不許回家。幸好土地公仗義出手，替包公耕完了。包公收拾犁具回家，中途遇見一個算命先生問路，他熱心指路，算命先生感激，提出給包公免費推命。

包公乃云：「賤造是淳化二年二月十五日卯時生。」

先生遂算起了八字，看畢大驚云：「郎君之命，辛卯年，辛卯月，辛卯日，辛卯時，有四個辛卯。三十二上發科，後去官，至學士，後為龍圖閣待制（故人稱為包龍圖），乃大貴之命也，可賀可賀！」

包公聽罷應云：「莫非我無命錢，先生故來取笑耳？」

先生云：「我寫在書上，待郎君富貴，得來相望。」

包公云：「我只有一條手巾，與先生為表記，久後果如公言，當得重謝。」

先生接取手巾，對包公曰：「你看前面又有一個先生來！」包公回頭看時，不見人來，那先生化一陣清風而去。

包公驚嘆道：「原來這先生不是凡人，乃是神人來與我推命也！」

《包待制出身傳》說包公出生於淳化三年，〈包待制出身源流〉說包公出生於淳化二年，哪個對？都不對。淳化是宋太宗年號，淳化三年即西元九九二年，淳化二年即西元九九一年。而據曾鞏《孝肅包公傳》，包公於宋仁宗嘉祐七年（一〇六二年）去世，享年六十四歲。從過世那年倒推六十四年，包公的出生年分應該是宋真宗咸平二年，也就是西元九九九年。

至於包公具體出生在幾月幾日呢？曾鞏《孝肅包公傳》、《宋史・包拯傳》、《宋仁宗實錄・臣僚附傳・包拯傳》、包公生前同僚吳奎撰寫的〈宋樞密副使贈禮部尚書孝肅包公墓誌銘〉等文獻均無記載。

宋仁宗嘉祐七年，包公過最後一個生日，宋仁宗欽賜生日禮物，並讓大臣王珪代擬賀詞。王珪是宋朝最著名女詞人李清照的外祖父，文章寫得好，他這篇賀詞以四六駢語寫成，詞句典雅，雍容華貴，中有「眷秉軸於宏廷，省夢熊之嘉月」之句。「夢熊」典出《詩經・小雅・斯干》：「吉夢維何？維熊維羆。……維熊維羆，男子之祥。」父母夢見狗熊，寓意男孩出生。「嘉月」則指春天的月分，一般指二月。從王珪的生日賀詞可以看出，包公是農曆二月出生的。

巧合的是，唱本《包待制出身傳》與小說〈包待制出身源流考〉也把包公的生日定在二月，並且具體到了二月十五日卯時，也就是早上五點到七點之間。卯時當屬小說家言（為了湊成卯年卯月卯日卯時的奇妙八字），二月十五日或許言之有據。

如果包公的生日確實是二月十五日那天，那麼我們可以知道他是什麼星座——查萬年曆，西元九九九年農曆二月十五日那天是國曆三月五日，屬於雙魚座。

事實上，即使小說與唱本弄錯了包公出生的具體日期，我們基本上也可以判定包公屬於雙魚座。前面說過，包公生於農曆二月，而西元九九九年農曆二月除了月底那兩天，整個月分都屬於雙魚座。

注釋

1 耕地的犁頭。安裝在犁的下方，用來翻土的器具，形狀略呈三角，大多數為鐵製品。

貳

清官竟是理財高手

清廉的故事：包公擲端州硯臺

包公是清官，天下皆知。

二〇一七年二月八日，韓國總統朴槿惠被宣布停職，當日她的支持者在首爾憲法裁判所前集會示威，抗議對總統的彈劾案。韓國是民主國家，集會示威並不稀奇，稀奇的是示威者手裡高高舉著「包青天」，也就是一九九三年版經典臺劇《包青天》金超群扮演的包公劇照（請參見第六頁彩圖）。劇照下面還有兩行字，翻譯成中文是：拒絕彈劾，一致通過！

包公做過御史中丞，相當於現在的監察院院長，他的工作就是彈劾。朴槿惠支持者既然祭出了包青天這項法寶，憑什麼又「拒絕彈劾」呢？因為在他們心目中，包青天清正廉明，判案公正，他們希望法官能像包公一樣公正審判，駁回國會對總統的彈劾。

你看，包公真的很有名，連韓國人都知道他是清官。

《宋史・包拯傳》記載，包公在端州（今廣東肇慶）做過官，端州最聞名的特產是硯臺（請參見第六頁彩圖）。此前歷任官員到端州，都會搜刮大批硯臺，一部分收入囊中，一部分送給親朋好友，一部分獻給朝廷大老。而包公呢？「歲滿不持一硯歸。」上任時兩袖清風，離任時清風兩袖，連一方硯

《宋史》中記載包公到端州當父母官，任滿離開時，堅持不帶走一方硯臺，成為傳頌久遠的清廉故事。

臺都不帶走。徐志摩詩曰：「悄悄地我走了，正如我悄悄地來，我揮一揮衣袖，不帶走一方雲彩。」稍作調整可以用來歌詠包公：「悄悄地他走了，正如他悄悄地來，他揮一揮衣袖，不帶走一方硯臺。」

有一個民間故事是這麼講的。

北宋時，端州每年要向朝廷進貢十方硯臺，而地方官中飽私囊，將進貢數量私自增加幾十倍，多出來的那些硯臺，自然成為地方官的私有財產。包公到任後，又將貢硯數量減少到十方，自己一方都不要，端州百姓很高興。到了包公離任那天，成千上萬的端州人為他送行，官船在一片發自肺腑的頌揚聲中順江而下，很快就來到一個叫羚羊峽的地方。這時候，風和日麗的天空突然變得烏雲蔽日，緊接著狂風大作，濁浪排空，不好，官船要翻了！包公心裡琢磨：「我是清官，沒貪汙、沒受賄，老天爺幹嘛和我過不去？莫非有下人欺瞞，偷偷受了賄賂？」

他趕緊召集下人開會，質問是誰受了賄賂。他的書僮噗通一聲跪在甲板上，從懷裡掏出一個金黃色的小包袱，交給包公說：「對不起老爺，是小的不對，前天有人給您送來一方端硯，我想又不是什麼很貴重的東西，就私下替您收了。」包公打開包袱，嗯，雕龍刻鳳，是一方好硯呢！但是他不動心，硯臺連包袱一起扔到水裡。然後，風停了，浪息了，雲開日出，天下太平。

據說孫悟空踢翻太上老君的煉丹爐，一塊燒紅的爐磚掉下凡間，變成新疆吐魯番的火焰山。而包公扔到水裡的那方端硯，則變成現在廣東肇慶羚羊峽下西江河中心的硯洲島（請參見第七頁彩圖）。不是還有一個包裹硯臺的包袱嗎？它比硯臺要輕，在水裡漂流了一會兒，後來變成沙灘，也就是現在肇慶沙鋪鎮的黃布沙。

故事當然只是故事，孫悟空蹬到地上的爐磚不會變成火焰山，包公投到水裡的硯臺也不會變成江心島，故事愈神奇，就愈背離真相。另外按照《宋史》與《宋會要》中所記載的輿服制度，除了皇家以外，任何人都不能使用雕龍畫鳳的物品，不能使用純黃色做為裝飾，假如有人送硯臺給包公，那硯臺不可能雕龍畫鳳，也不可能使用黃色包袱。所以，這個故事是虛構的，至少其中的神奇細節是虛構的。

包公的清正廉明卻不是虛構出來的。

《宋仁宗實錄・臣僚附傳・包拯傳》記錄：「包公堅持原則，不肯苟且，一生正直，以誠待人，好就是好，不好就是不好，決不巧言令色，拍人馬屁。做了半輩子官，公是公，私是私，涇渭分明，故友親朋想找他徇私辦事，門兒都沒有。雖然做大官，但是過日子艱苦樸素，吃穿住用一如既往，和剛做官時一樣。」[1]

大臣吳奎誇讚包公：「惟令名之皎潔，與淮水而悠長。」包公人品正直，清正廉潔，淮河有多長，他的美名就有多麼響亮。

吳奎是包公同事，性格和包公一樣耿直，他不會拍馬屁，也沒必要拍包公的馬屁。他之所以這樣拚命讚美包公，是因為包公確實值得他讚美。

注釋

1 原文為「拯性不苟合，未嘗偽辭色悅人。平生無私書，至於干請，無故人親黨，一皆絕之。居家儉約，衣服、器用、飲食，雖貴，如初宦時。」

包公不在開封購屋置產

包公運氣好，生在一個政治清明的時代，皇帝虛懷納諫，官場風氣也比較正直，就中上層官員而言，清官的數量遠遠超過貪官，所以包青天不會成為同僚眼中的異類。假如他生在昏庸無道的宋徽宗時代，或者生在奸相當權、貪汙盛行的南宋中後期，或者生在今天某個不民主、不開化的國家，恐怕不得善終。他太清廉、太方正、太耿直，內方外不圓，稜角太分明，眼裡容不下一粒沙子，容易得罪很多很多人。

舉個例子，宋仁宗嘉祐四年（一〇五九年），大臣張方平在開封買房，結果就遭到包公的彈劾。人家買房而已，又不是貪汙受賄，包公憑什麼要彈劾呢？

事情經過是這樣的。開封有一位富商劉保衡，承包一座國有酒廠，本來指望發大財，可是經營不善，倒閉了。拙著《吃一場有趣的宋朝飯局》說過，宋朝酒水專賣制度當中有一種酒麴專賣：民間可以釀酒出售，但是釀酒所用的酒麴必須從官方購買，這樣才能保證政府從釀酒行業賺取穩定且豐厚的財政收入。劉保衡釀酒，用的正是官麴，他承包的酒廠賠了，欠官府的酒麴錢還沒結清。欠多少呢？一百多萬文，按購買力折合新臺幣，大約兩、三百萬左右。

兩、三百萬對做生意的人來說不算鉅款，不過劉保衡已經破產，還不起這筆錢。官府天天派人上門催債，如果無法償還，劉保衡只好鋃鐺入獄。幸虧他在開封有一處房產，可以賣了還債。大臣張方平聽到消息，派人來和劉保衡接洽，說要買他的房子。交易很快達成，那處房產以一百多萬文的價格賣給張方平，劉保衡就用這筆售房款還清官債，然後淨身出戶，離開京城。

劉保衡走了，劉保衡的姑媽突然去開封府告狀，她說劉某賣掉的那所房子，其實是劉家的共同財產，不經過她和其他族人的授權就出售，屬於違法交易，應該追回。當時開封府的長官不是包公，是另一位官員，這位官員經過查驗，確認劉保衡姑媽的說法。

拙著《千年房市》對宋朝房產交易制度有所考證：所有不動產買賣都要獲得親鄰的首肯。比方說張三賣房給李四，僅有張三一個人的同意是不夠的，還要徵詢張三親戚和鄰居的意見。如果鄰居願意按照市價購買，張三要將房子優先出售給鄰居；如果某個親人或者族人對房子的歸屬權提出異議，張三也必須拿出證據來應對，在產權異議沒有完全化解的情況下，他與李四的交易就屬於違法。類似制度在宋朝乃至後來的元、明、清等朝，都是有效的。我們現在看到的古代不動產交易文書，上面往往會有「親鄰人等並無異議」、「如有外人占攔，並是賣人支當」之類的條款，意思就是本次交易完全合法，已經獲得親族及鄰人同意，將來不會有人找麻煩。劉保衡賣房給張方平的時候，契約上或許也書明相關條款，可是實際上並沒有完全解決親鄰的問題，否則他的姑媽也不會告上開封府。

好了，現在劉保衡的姑媽提出異議，開封府的官員也確認異議——賣方劉保衡並不擁有所賣房屋的完全產權。那麼，交易無效，按照當時法令，買主張方平應該將房屋退還給劉氏親族。他支付的房款該找誰討還？當然是找劉保衡。可是劉保衡已經跑路，就算沒有跑路，也無力歸還房款，張方平豈不竹籃打水一場空，所以他決定不退還房子。

這個張方平可不簡單，他當過開封府尹（相當於臺北市市長），當過御史中丞（相當於監察院院長），當過參知政事（相當於行政院副院長）。劉保衡姑媽去開封府告狀的時候，他正擔任三司使，相當於財政部長。論品級，他比開封府尹還要大一些，他堅決不退還房屋，開封府不敢拿他怎麼樣。

事情發展到這個地步，我們的主角包公該登場了。包公的品級不如張方平，但他耿直得很，眼裡只有法令，沒有長官，長官違法買房，他就出面彈劾。《續資治通鑑長編》第一百八十九卷，收錄他彈劾張方平的奏章：「張方平身主大計，而乘勢賤買所監臨富民邸舍，無廉恥，不可處大位。」張方平身為財政部長，居然仗著威權賤價購買轄下富民的房產，真是不要臉，沒有資格繼續擔任高官。

包公的彈劾擊中張方平兩條要害，一是「賤買」，二是「所監臨」。

宋代王禹偁〈李氏園亭記〉有云：「重城之中，雙闕之下，尺地寸土，與金同價。」開封是北宋首都，商業繁榮，人口稠密，土地、房屋昂貴之極。那位賣房的劉保衡既然曾為富商，其房屋自然不會簡陋，一處並不簡陋的住宅只賣一百多萬文，折合新臺幣只值兩、三百萬，誰會相信呢？若非還債心切，急於出手，那就是因為買主有權有勢，不得不賤賣給他。一方賤賣，一方賤買，算不算變相受賄？當然算。

為了減少官員在買房時變相受賄的可能，宋代朝廷屢頒禁令。大中祥符七年（一〇一四年）宋真宗詔令：「現任近臣除所居外，無得於京師廣置產業。」尚未退休的大臣如果已經有住宅，就不要在京城另買房屋了；嘉祐二年（一〇五七年）宋仁宗詔令：「諸京朝官於監臨去處輒置買田宅者，徒一年。」京官和朝官如果在各自管轄區域內買房買地，判處一年徒刑。

宋代官員按級別可分三種，一為選人，一為京官，一為朝官，分別對應現在的低階文官、中階文官和高階文官。張方平身為財政部長，屬於朝官，也就是高階文官，他的管轄區域包括京城，他在京城買房其實違反了皇帝禁令。

包公奏章甚短，但直指張方平受賄與違反皇帝禁令，而且違反的還是在任皇帝宋仁宗的禁令。仁宗皇帝接到奏章，很快撤了張方平的職。

平心而論，張方平不是秦檜那樣的貪官，也不是童貫那樣的無能之輩。他在四川成都做過官，將成都治理得井井有條。蘇東坡的爸爸蘇洵寫信給他說：「張公信於天下，得為張公客者，乃我之幸。」如果能被張大人收為門客，那將是在下的榮幸。後來蘇東坡父子進京考進士，都曾得到張方平的舉薦。張方平與范仲淹、黃庭堅、王鞏、李龍眠等人的私交也都很好，張方平的舅舅嵇穎是范仲淹的好友，王鞏則娶了張方平的女兒。但他違反禁令在京城買房屬實，賤價買房、變相受賄屬實，包公彈劾他，有理有據，嫉惡如仇的清官都會這麼做的。

早在宋仁宗慶曆四年（一〇四四年），包公還彈劾過一位買房的官員——淮南轉運使魏兼。魏兼執掌淮南財政，轄區大略相當於今天江蘇、安徽與豫南等地，他被包公彈劾，是因為兩項罪名：「在任日於部內置買物業，並剩量過職田斛斗。」（《孝肅包公奏議・請法外斷魏兼》）第一，魏兼在任期間購買轄區內的不動產，違反中高階官員不得在轄地買房的禁令；第二，朝廷為地方官劃撥耕地，供其出租以貼補薪金，魏兼為了多得耕地，偷偷將測量用具的尺寸改大了，靠這種卑劣手段占朝廷便宜。

宋朝皇帝優待臣子，大臣無論犯下多麼大的罪行，只要不是謀反，就不會判處死刑，甚至連徒刑都不判，一般都是罰金和降級，最多流放而已。假如再趕上太后過生日、皇后生兒子、皇帝祭祀天地與列祖列宗等喜事，朝廷照例大赦天下，犯罪的大臣又會被優先赦免，流放改成降級，降級改成罰金，罰金改成不予處分。包公認為魏兼這樣的大臣過於無恥，「乞不從原減之例」，不應該被赦免，請求仁宗重重處罰。

張方平買房被包公彈劾，魏兼買房被包公彈劾，那包公本人有沒有因為買房被彈劾過？我遍查《宋史》、《宋會要輯稿》、《續資治通鑑長編》，以及與包公有交集的當朝大老奏議，沒有找到一條這樣的記載。是的，包公居官清廉，性格耿直，嚴守朝廷法令，像他這種嫉惡如仇、喜歡彈劾的官員，肯定不會冒著被別人彈劾的風險，在任職所在地買房置業。

整體而言，包公那個時代的官場風氣還算清正，大臣還算守規矩。與包公同一年考中進士的宰相韓琦說過：「自來政府臣僚，在京僦官私舍宇居止，比比皆是。」（《安陽集》卷六）朝中大臣一般不買房，在京城租房居住的比比皆是。南宋哲學家朱熹也說：「太祖、太宗在位之時，百官都沒有住宅，連宰相都在租房，自從神宗皇帝在皇城之內專門給大臣建造東府與西府以後，宰相才分到了房子。」[1]

查《宋會要輯稿》，東府與西府建成於宋神宗熙寧六年（一〇七三年），而包公死於一〇六二年，沒有機會住官邸。既沒有官邸，又不允許買房，那麼包公在開封做官時，很可能是租房子。當然，他擔任開封府尹時例外，府尹可以攜家帶眷住進府衙的後院（請參見第八頁彩圖）。

注釋

1 《朱子語類》卷一百二十七：「且如祖宗朝，百官都無屋住，雖宰執亦是賃屋，自神宗置東西府，宰相方有第。」

清官的不近人情與人情味

南宋多戰亂，有人問岳飛：「何時才能天下太平？」岳飛說：「文臣不愛錢，武臣不惜死，天下方能太平。」其實愛錢是大多數人的天性，文臣愛錢並不過分，因為愛錢而貪汙受賄才過分。

包公是清官，他愛錢嗎？或許不愛。南宋時，朱熹和弟子們講過包公不愛錢的故事。

包公年輕時與同學在合肥老家的寺廟裡讀書（寺廟環境清幽，房租低廉，運氣好還能遇上美女崔鶯鶯，唱一齣《西廂記》，是古代書生理想的K書中心），餓了回家吃飯，每天往返於寺廟和家之間。他們路上要經過一個富人的房子，但是從來沒有去富人家裡拜訪過。有一天，富人看到他們經過，非常熱情地邀請他們到家裡吃飯，被他們婉言謝絕了。第二天，富人專門跑到廟裡邀請。同學說：「人家誠心誠意請我們，不如過去試試看？」包公正色說道：「這是個有錢人，現在我們吃他一頓飯，將來中了進士，做了本地的官員，如果他上門來找我們，讓我們徇私情走後門，我們是答應還是不答應？如果應了他，違反國法；如果不答應，違背私情。為了安全起見，我看咱們還是不吃他的飯為妙。」[1]二十年後，包公果然回到合肥任官，因為他不欠任何人的私情，所以做起來得心應手，在合肥沒有幹過一件徇私枉法的事情。

朱熹是南宋人，與包公有一百年左右的時間距離，他講的故事可能出自當朝史志（宋朝史志浩如煙海，大半因為戰亂而遺失了），也可能得自民間傳聞。從包公一貫剛直的秉性上看，這個故事多半是真實的。

歐陽修與包公同朝為官，熟知包公性格，他評價道：「拯性好剛，天資峭直。」包拯脾氣太硬，天生一副難以接近的性格。這句話隱含的意思是，包公有些不近人情。

大凡舉世聞名的清官，都有些不近人情，明朝清官海瑞就是一例。梁雲龍〈海忠介公行狀〉：「前娶許氏，生二女，出。後娶潘氏，不數月亦出。」海瑞先娶妻許氏，人家給他生了兩個女兒，他把人家休了。緊接著娶妻潘氏，一起生活不到幾個月，又把潘氏休了。明、清時理教橫行，女性被夫家休掉是奇恥大辱，因而自殺者往往有之，這個海瑞海大人莫名其妙連續休妻，確乎不近人情。

不過我們的包拯包大人在這一點上比海瑞要強。他娶妻董氏，是中進士之前娶的，後來中了進士，做了大官，妻子還是這位董氏。董夫人是包公的結髮妻子，一直陪伴包公到死，兩人可謂白頭偕老。當然，包公晚年娶了小妾，但那是古代士大夫的通病，是當時社會上的正常現象。據我考證，蘇東坡的爸爸蘇洵娶了兩個小妾，蘇軾的弟弟蘇轍就是小妾生的；南宋大詩人陸游娶了一個小妾，後來還從四川帶回一個妓女；豪放派詞人辛棄疾至少娶了六個小妾。愛國狀元文天祥更厲害：二十歲中狀元，娶了一個老婆，複姓歐陽；又娶了兩個側室，一個姓顏，一個姓黃；中年又陸續納了七個侍妾，前呼後擁，都是鶯鶯燕燕。包公只有一妻一妾，和他們比起來，可愛多了。

包公還有一項可愛之處：懂得感恩。有一位大臣劉筠，做過翰林學士，做過合肥的行政長官，很賞識包公的文章和為人，大概也指點過包公怎樣讀書應考，走上仕途。包公心存感激，視劉筠為師長。劉筠死後，他向朝廷上奏，幫劉筠辦了兩件大事。第一，劉筠沒有兒子，包公讓朝廷從劉筠親族中挑了一個繼子，繼承劉筠的香火；第二，劉筠生前犯有小過，被沒收了土地和房屋，包公請求發還，使劉筠一門得以維持生計。[2]包公做這兩件事，都不違背政令與法令，是他對師長的孝心。

對於自己的親人和族人，包公從不徇私枉法，但是能幫的忙還是幫的。族人經濟上有困難，「拯無所吝財，自奉雖薄而喜於周急」（《野客叢書》卷九），包公自己過儉樸日子，把錢省下來，幫助別人度過難關。

由此可見，包公雖然看上去難以接近，但他身上其實洋溢著可愛的人情味。用我們現在的話說，他骨子裡是一個「暖男」。

注釋

1 原文為「彼富人也，吾徒異日或守鄉郡，今妄與之交，豈不為他日累乎？」

2 曾鞏《孝肅包公傳》：「少為劉筠所知，筠無子，為奏其族子為後，而請還其所沒田廬。」

清官憑什麼家財萬貫？

剛才講包公周濟族人，後面隱含一個前提——他是有錢人。如果缺錢，自己都在吃米糠、吞野菜，拿什麼周濟人家呢？

包公有錢嗎？有。他那麼清廉，哪裡來的錢呢？答案是俸祿。

宋朝皇帝優待士大夫，論官員俸祿之厚，在中國歷史上可謂空前絕後，無朝可比。清朝史學家趙翼說過，宋朝皇帝對官員有多麼優待：「給百官發錢唯恐不夠，從老百姓那裡徵收賦稅，唯恐搜刮得不乾淨。」[1]宋徽宗時，淮南轉運使張根說過，當時大臣的待遇有多麼驚人：「皇帝派人給大臣建造豪宅，有時候能耗費一百萬貫，張根掌管淮南二十個州縣，每年上繳中央財政三十萬貫，還不夠給臣子蓋房呢！」[2]

宋朝有一本教導為人處世祕訣的小冊子《世範》，該書勸導年輕人讀書，因為讀書「可以取科第，致富貴」。一個人刻苦攻讀，在科舉道路上奪關斬將，一旦躍入龍門，戴上烏紗帽，則金錢有了，美女有了，富足生活也來了。宋真宗〈勸學詩〉：「富家不用買良田，書中自有千鍾粟。安居不用架高堂，書中自有黃金屋。」這首詩真不是騙人的，在宋朝讀書做官，用不著貪汙，就能得到黃金屋和千鍾粟。北宋名臣范仲淹也是清官，靠著俸祿能在家鄉蘇州買田設義莊，為整個范氏家族的窮人提供衣食、讀書經費乃至嫁妝和聘禮。可見一旦做了大官，不但有能力養活一家，甚至有能力養活一族。

也不是說所有官員在宋朝都能得到高收入。剛入仕途的低階文官，薪水既低，又沒有各項福利，用他們的話講，「所入僅足以代耕」，收入和一個農民差不多，勉強餬口而已。至於不入流的小吏，在王安石變法前則連薪水都沒有，收入全靠貪汙，否則只能餓死。《文獻通考・職役考》云：「內外胥吏素不賦祿，唯以受賕為生。」說的就是北宋前期底層小吏靠受賄為生的怪現象。

包公是正牌進士，五十多歲「倒坐南衙開封府」，躋身於高官階層，他當然有俸祿，而且俸祿一定很高、很嚇人。

包公擔任開封府尹時，頭上戴有三頂帽子，即龍圖閣直學士、尚書省右司郎中、權知開封府事。「龍圖閣直學士」是從三品，沒有日常工作，一般是皇帝有學術問題或者政治上的重大問題需要諮詢的時候，龍圖閣直學士才站出來說兩句。在北宋前期的官制，這種官叫做「侍從官」。「尚書省右司郎中」是從五品，也沒有日常工作，既不用去尚書省上班，也不用負責尚書省的任何事務，它只是朝廷給官員計算薪水時的依據，所以叫做「寄祿官」。「權知開封府事」是包拯的正式職位，「權」[3]是暫時的意思，「知」是掌管的意思，權知開封府事，就是說你本來有別的官職，但是朝廷現在派你全權負責治理開封府，別的工作可先放一邊。在北宋前期，像這種由朝廷指派去做具體工作的官叫做「差遣官」。

先說「龍圖閣直學士」這頂烏紗帽給包公帶來的收入。按宋仁宗嘉祐年間頒布的《嘉祐祿令》，龍圖閣直學士每月有「料錢」，也就是基本薪資；每月還有「添支錢」

和「餐錢」，也就是補貼；另外每年春、冬兩季還能領到一些「衣賜」，也就是布匹。其中料錢每月一百二十貫，添支每月十五貫，餐錢每月三貫，衣賜每年發兩次，每次發五匹綾、十七匹絹、一匹羅、五十兩綿。

再說寄祿官「尚書省右司郎中」給包公帶來的收入。《嘉祐祿令》規定，尚書省右司郎中每月有料錢三十五貫，沒有餐錢和添支，而衣賜也是每年發兩次，每次各發三匹綾、十三匹絹、一匹羅、三十兩綿。按照《嘉祐祿令》的薪資發放原則，如果一個公務員既有寄祿官的官職，又有侍從官的官職，那麼他不能兼領寄祿官和侍從官的雙份薪水，而是哪份薪水高就領哪份。對包公來說，他的侍從官薪水明顯比寄祿官薪水要高，所以他只能領到做為龍圖閣直學士的那份薪水。

最後看差遣官「權知開封府事」的收入。按《宋史・職官志》，包公在開封府做最高長官，每月有三十石月糧，其中包括十五石大米、十五石小麥。此外每月還有二十捆（每捆十三斤）柴禾（供燃燒用的木柴、枯枝）、四十捆乾草、一千五百貫「公使錢」（朝廷發給地方官自由支配的辦公經費）。另外做為外任藩府的高階地方官，朝廷又劃撥給包拯二十頃「職田」，也就是兩千畝耕地，允許他每年收租，並且無需納糧。這兩千畝耕地按每畝租米一石估算，每年也有兩千石米的進項。再查《嘉祐祿令》，權知開封府事每月還有一百貫的添支，每年冬天又發給十五秤（每秤十五斤）的木炭。

拙著《歷史課本聞不到的銅臭味》曾經按照宋仁宗時物價，將包公得到的所有薪資與福利統統折算為銅錢，加起來總共是兩萬一千八百七十八貫，這就是包公擔任開封府尹時一年可以支配的全部合法收入。

其實包公擔任開封府尹的時間只有一年半左右，就算他只做了一年，收入也有兩萬多貫。兩萬多貫是什麼概念，大家可能不太了解，讓我們來看看王安石三十歲那年寫的〈上運使孫司諫書〉：「我在比較富庶的江浙地區當了兩年縣官，發現所謂民間大戶也只有百畝田產，每畝最高兩貫，總價值最多不超過兩百貫。」[4]包公在開封府一年收入兩萬貫，可去江浙購買良田一萬畝，一百戶富庶農民的全部田產加起來，還比不上他一年的收入。

讀者會覺得包公之所以清廉，是因為俸祿優厚。是的，高薪確實可以養廉，但是卻不能防貪，因為人的貪欲是無限的，除非有某種因素作為強力約束，否則大多數官員將持續不停貪下去。

《建炎以來朝野雜記》甲集記載南宋前期官場亂象：「東南帥臣監司到署，號為上下馬，臨路皆有饋，計其所得，動輒萬緡。」帥臣監司，那是安撫使（軍區司令）、轉運使（省長）級別的高階地方官，實即一方諸侯，他們的俸祿肯定非常優厚，但是上任路上仍然到處接受同級和下屬的賄賂，動輒收入上萬貫。

和包公差不多同時代的大臣蔡襄回憶年輕時的官場，朝廷命官都恥於經商，可是三十年後風氣大變，「興販禁物、茶鹽、香草之類，動以舟車懋遷往來，日取富足。」茶葉、食鹽、香料，在宋朝都是專賣品，利潤極大，官員們一邊領著厚祿，一邊不顧專賣禁令搞走私。錢愈多，愈覺得少，這是人之常情，放之官場則不可，因為無論受賄還是走私，損害的都是國家利益，遭殃的都是平民百姓。

宋朝有很多清官，也有很多貪官，制度對官員的約束是一樣的，清官之所以為清官，是因為他們比貪官有操守，一個沒有操守的官員，不管給他多麼高的薪水和福利，他都欲壑難填。可惜操守並不一定靠得住，清官做久了，發現貪官比自己活得更好，發現貪汙起來沒有太大風險，往往也會變成貪官。包公清廉一生，操守始終很好，始終沒變成貪官，所以值得我們讚美。

注釋

1 《陔餘叢考》：「恩逮於百官者唯恐其不足，財取於萬民者不留其有餘。」

2 《宋史．張根傳》：「今群臣賜一第，或費百萬緡，臣所部二十州，一歲上供財三十萬緡耳，曾不足給一第之用。」

3 「權」原解釋為「暫時」，但因宋太宗、宋真宗都曾以親王身分擔任過開封府尹，因此之後大臣知開封府皆加一「權」字，以示不敢僭越，包拯也不例外。

4 原文為「某為縣於此兩年，見所謂大戶者，其田多不過百畝。百畝之直，為錢百千，其尤良田，乃直二百千而已。」

包公也是宋朝的財神爺

包公是清官，人所共知，可是很少有人知道他還是財神。

不對啊，財神不是騎老虎的趙公明嗎？不是提大刀的關雲長嗎？中國民間崇拜財神，將趙公明奉為財神，將關雲長奉為財神，將《封神榜》裡被挖心的比干奉為財神（請參見第八頁彩圖）。至於包公包青天，絕不會有人拿他當財神。

問題是，包公實實在在做過財神。

來，我們看看他的履歷。

包公生於宋真宗咸平二年（九九九年）二月，死於宋仁宗嘉祐七年（一〇六二年）五月，實際上活了六十三年又三個月。按古人喜歡在週年上虛增一歲的規矩，我們可以說包公享年六十四歲。

六十五歲的一生，官場生涯有多長呢？僅有二十七年。

宋仁宗天聖五年（一〇二七年），二十九歲的包公中了進士。按唐、宋兩朝的規矩，進士只是學位，不是官位，進士想做官，還要參加國家人事部門的選拔考試。這種考試主要測驗考生對法令、判例與公文書寫的熟悉程度，近似於現在的公務員考試。通過這種考試，進士才有做官的資格。

參加人事選拔考試需要在職官員舉薦，每名考生都要拿到三份以上的舉薦狀，也就是說，需要三名以上在職官員按讚，否則就失去考試資格。包公的爸爸包令儀是在職官員，他的岳父董浩是在職官員，他同年進士文彥博的爸爸文洎也是在職官員，做為官宦子弟，他很順利地拿到三份以上的舉薦狀，很順利地參加考試，並且很順利地通過。他少年時隨父上任，在爸爸衙門裡看慣了律條與公文，當然容易通過。

當年唐朝大詩人韓愈中進士後，去吏部參加人事選拔考試，第一次沒通過，第二次沒通過，第三次又敗北，連續考了四年，才得到一個官職。我們的包公比韓愈幸運多了，馬到成功，一戰成名。

朝廷為包公分派官職，官銜是「大理評事」，職位是「知建昌縣」。請大家注意，宋朝的「官」和「職」是分開的，「官」用來定品級，「職」用來定工作。「大理評事」是官，表明包公是八品官；「知建昌縣」是職，表明包公要去建昌縣（今江西省永修縣）做知縣。但是包公沒有去，因為他爸爸已經退休，回到安徽合肥，他想去距離父母近的地方做官。於是朝廷改派他「監和州稅」，去安徽和縣當稅務局長。包公還是不去赴任，他向朝廷請假，回合肥侍奉父母。

包公在合肥老家住了整整十年，直到父母離世，直到守喪完畢，直到宋仁宗景祐四年（一〇三七年），才正式開始做官。朝廷派他「知天長縣」，去安徽天長當知縣。這一年，他三十九歲。

知縣三年為一任，包公做了三年，升了官，被改派到端州當知州。端州就是廣東肇慶，那裡出端硯，前文硯臺的故事就是在端州發生。

知州也是三年為一任，待知州任滿，包公被調回京城，職位是「勾當京東排岸司」，負責疏浚南北水運通道蔡河，使河堤不決，河船不堵，確保南方的稻米、絲綢、水產、銅錢、香料可以一帆風順運抵京師。所以呢，這個官職與財政有關，受當時中央財政部門「三司」轄下的「勾當河渠司」直接管轄。

疏浚蔡河約半年，包公再次調任，從財政部門進入監察部門，任「監察御史裏行」，也就是見習監察官。再半年後，見習監察官變成正式監察官，包公成了「監察御史」。

宋仁宗慶曆五年（一〇四五年），包公四十七歲，以監察御史身分兼任「送伴契丹使」，護送遼國使臣回國。從遼國回來，朝廷又讓他兼任「契丹正旦使」，代表宋朝為遼國皇帝和皇太后拜年。古代交通不便，包公一生僅出過兩次國，就是兼任「送伴契丹使」與「契丹正旦使」這兩次。

慶曆六年，包公四十八歲，仍任監察御史，同時兼任「三司戶部判官」，相當於財政部的署長級別。本年六月出任「京東轉運使」，相當於主管財政的省長，轄區在今山東大部與河南東部。

慶曆七年，包公從京東轉運使調任「陝西轉運使」，仍然是主管財政的地方長官，只是管轄區域從山東變成陝西。

慶曆八年，包公五十歲，調任「河北轉運使」，尚未赴任，又改為「三司戶部副使」，從財政部署長升任次長。

宋仁宗皇祐二年（一〇五〇年），包公五十二歲，奉命「知諫院」，從財政部次長改任監察院長。

皇祐四年，加「龍圖閣直學士」銜，出任「河北都轉運使」，整理財稅，籌措軍餉，為抵抗遼軍進襲做準備。說穿了，主要職責還是財政。幾個月後改任「高陽關路都部署兼安撫使」，即河北軍區司令，直接管軍事。

此後幾年，包公先後出任廬州知府、池州知州、江寧知府，至宋仁宗嘉祐元年（一〇五六年）臘月回京城任開封府尹，嘉祐三年六月改任御史中丞，期間都不再是財政官員。但是到了嘉祐四年，他成了「三司使」，也就是財政部長。

包公六十一歲當財政部長，當了三年。六十四歲進入國家權力中樞，升任「樞密副使」，即國防部次長（宋朝國防部地位遠高於財政部，樞密副使相當於副宰相）。半年後，他在這一職位上去世。

不知道大家發現沒有？包公三十九歲做官，六十四歲去世，前後二十七年官場生涯，做過知縣、知州、知府、監察院長、國防部次長，既管過民政，也管過軍政，但管得最多的，恐怕還是財政。勾當京東排岸司、三司戶部判官、三司戶部副使、三司使、京東轉運使、陝西轉運使、河北轉運使、河北都轉運使，哪個職位不是財政？

在中國，管財政的官員俗稱「財神」，包公就是這樣一尊財神。

《包青天》拍了好幾百集，每集都是案子，好像包公一生都在開封府判案。其實，他只做一年半的開封府尹，更多的時間是在管財政，在為大宋朝廷理財呢！

改革圈地養馬與食鹽專賣政策

包公寫給仁宗的奏章中說過：「掌管大宋財政的是三司使和轉運使，三司使管中央財政，轉運使管地方財政。現在開支浩大，國庫困乏，三司使與轉運使至關重要，尤其需要選拔才傑之士來擔任。朝廷要放開手，讓這樣的人才來改革財稅，開源節流，興利除害，解決財政赤字。」[1]

包公屢任轉運使，後任三司使，既管過地方財政，又管過中央財政，他自己算不算「興利除害」的「才傑之士」呢？我們可以看兩個例子，一個是包公在圈地養馬方面的「興利除害」，一個是他在食鹽專賣方面的「興利除害」。

先說養馬制度。

宋朝與遼國交戰，軍事上不占優勢，太祖、太宗總結教訓，認為馬不如人。也就是說，宋朝馬匹太少，戰馬更少，用自己的步兵和人家的騎兵打仗，肯定打不過。宋真宗即位後，在河北圈占一百多萬畝土地，將良田改成牧區，專門養馬，但是成效不佳。包公在河北做過官，深知其中利弊，他建議仁宗皇帝進行改革：「朝廷設置的養馬機構廣平監在河北西部圈占了一萬五千頃（一頃為一百畝）土地，都是漳河兩岸的良田。占地這麼多，養馬卻很少，平均一頃地才養一匹馬。現在河北西部的耕地被圈占三分之一，而河北東部又因為黃河決口，耕地被淹沒三分之二。粗略估算，整個河北一半耕地已被牧區和洪水占據，剩下的不是沼澤地就是鹽鹼地，不適合耕種，以後河北人民靠什麼吃飯呢？據微臣所知，如果將養馬地交還給農民耕種，上繳的租稅用來買馬，比養馬多出好幾倍。希望皇上憐憫河北人民的疾苦，革除養馬政策的流弊。」[2]

有的朋友可能會說：大宋疆域狹窄，缺少牧區，就應該圈地養馬，否則去哪裡買馬呢？向遼國買，那不等於與虎謀皮嗎？實則不然，與北宋接壤的牧區不只有遼國，還有西夏與吐蕃後裔唃廝囉部，宋朝完全可以向西夏和唃廝囉買馬。事實上，在北宋中後期，宋與鄰國互市不斷，用茶葉、絲綢、香料、瓷器為武器，在經濟上征服了遼國和西夏，交易所得的戰馬數量遠遠超過原先養馬的數量。推本溯源，其中離不開包公的貢獻。

再看食鹽專賣。

宋仁宗在位時，河北駐軍與遼國軍隊打了一仗。宋遼對峙，互為敵國，打仗是常有的事，可是這回打仗和過去不同，過去是為疆域而戰，為土地和人口而戰，這次卻是為鹽而戰：遼國人溜進河北，傾銷他們的低價鹽，宋朝方面當然要反傾銷，談判桌上談不攏，於是開打。

遼國為什麼要在宋朝賣鹽呢？因為太有利可圖了。

宋朝搞食鹽專賣，政府壟斷鹽業生產，在山西、陝西建造鹽池，在山東、浙閩圍起鹽場，在四川、貴州開鑿鹽井，將農民變成製造食鹽的工人，免除他們的農業稅，發給他們口糧和薪金，讓他們世世代代在鹽池、鹽場和鹽井工作，平均每年完成的生產任務高達三億斤。

鹽工生產出這麼多食鹽，不能賣，全部上繳朝廷，讓朝廷來賣。朝廷怎麼賣呢？通常是高價批發給有特許經營權的鹽商，再由鹽商以更高的價格賣給店鋪和老百姓。有時候朝廷也會繞開鹽商，直接開設官鹽店，讓老百姓去官鹽店裡買鹽。

朝廷發給鹽工的工資是很低的，「人給米日二升，戶給錢四萬。」（《宋史・食貨志・鹽上》）每人每天給兩升米，每個家庭每年補貼四萬文。而在賣鹽的時候，政府的定價卻非常之高，北宋末年的權相蔡京算過一筆帳：

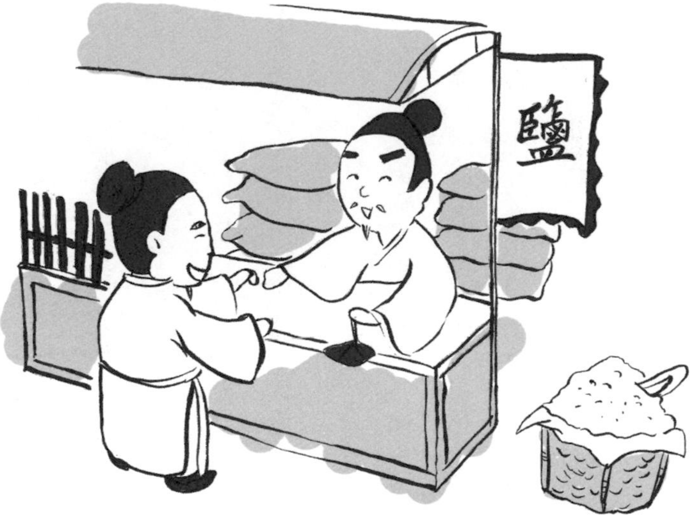

宋朝採食鹽專賣制度，政府壟斷鹽業生產，再高價批發給有特許經營權的鹽商，或直接開設官鹽店賣鹽。

「河北、京東末鹽，客運至京及京西，袋輸官錢六千，而鹽本不及一千。」鹽商們從河北和山東的國營鹽場採購成品鹽，每袋鹽要花六千文，而生產成本不到一千文，政府轉手賺了五倍有餘，明顯是暴利，就和中國官方低價徵收農田，然後再高價拍賣一樣暴利。

官鹽太貴，老百姓吃不起，就會買相對便宜的外國鹽。坦白講，遼國鹽的生產成本並不比大宋低，可是遼國政府不那麼貪心，不會翻幾倍加價，所以終端售價要比宋朝官鹽便宜，所以宋朝老百姓當然要買遼國鹽。

從政治角度講，宋朝老百姓這樣做是非常不對的。遼國是敵對勢力，你不買本國的鹽，卻買敵人的鹽，本該朝廷賺的錢，你讓敵人賺了，這是贊助敵人，是通敵賣國，是漢奸行徑。可惜老百姓不懂政治，只懂生存，為降低生存成本，誰的鹽便宜，他們就買誰的鹽。宋朝的憤青好像也不懂政治，他們完全可以發起一場「抵制遼鹽」的愛國主義遊行活動，但是史料沒有記載宋朝憤青這樣的壯舉。

史料只記載了包公的壯舉。

包公給時任三司使的張方平（也就是被他彈劾過的那位低價買房的大臣）上書，借張方平之口說服仁宗皇帝，取消河北地區的食鹽專賣。包公的理由是這樣的：河北緊臨大遼，屬於軍事特區，軍民一心抗遼是最重要的事。我們官鹽售價高，遼鹽自然受歡迎，我們禁止老百姓買遼鹽，老百姓一定恨我們，民心一失，大勢必去，國人和遼人合夥造反，我們只能傾全國之力來鎮壓，「所得鹽利豈可補用兵之費？」（《孝肅包公奏議・論河北榷鹽》）透過食鹽專賣獲得的利潤還不夠發軍餉，朝廷認為有理，於是暫時停止食鹽專賣，讓河北百姓自由買鹽。

河北的食鹽戰爭消弭了，陝西的食鹽改革又啟動了。包公去陝西做轉運使，發現陝西的食鹽專賣不得人心。第一，將鹽場的鹽運往各地，由農民負責，當地農民家有一貫財產，就要負責運送兩包食鹽，車要自己備，路費要自己出，一路上吃穿住用都要自己承擔，官方不給一分錢，純屬勞役；第二，所有鹽店均為官營，沒有中間環節，不許私商介入，試圖獨霸所有利潤，但是由於官鹽店的營業人員端著鐵飯碗，做好做壞都一樣，人浮於事，上班遲到，臉色難看，以次等貨冒充上等，老百姓去買鹽，都要受一肚子窩囊氣；第三，管理鹽場與鹽店的官吏監守自盜，或偷賣官鹽，或用價格低廉的私鹽冒充官鹽，或者直接侵吞鹽利，將賣鹽的收入瓜分掉。包公向朝廷報告說，陝西鹽法弊端太多，民間怨氣很大，朝廷的收入卻沒有增長。當時朝廷正準備和西夏打仗，陝西是戰略前線，擔心變法會造成政局動盪，沒有採納包公的報告。

一年後，包公調任「三司戶部副使」，去財政部做了官，再次向仁宗分析陝西鹽法。他說：「陝西鹽法實行官產、官運、官賣制度，士兵、衙役、老百姓輪班運鹽，負擔極大，導致很多人破產。」[3] 又說：「必須將官運官賣改為商運商賣，讓商人參與食鹽專賣。商人想買鹽販賣，就到邊境州縣衙門或軍營裡繳納現錢與糧草，換到買賣食鹽的支票和許可證，再去鹽場裝載與其上繳現錢和糧食等值的食鹽，自己運輸，自己出售。這樣一來，百姓沒有了運送食鹽的勞役，朝廷沒有了監守自盜的風險，對國家和人民都是有利的。」[4]

包公還說：「每一項制度都有利有弊，有的先弊後利，有的先利後弊。如果繼續在陝西搞官運官賣的老辦法，國庫一年會有幾百萬貫的進帳，但是人民愈來愈吃虧，害處會愈來愈突出，這就是先利而後弊。如果實行通商的新辦法，前兩年可能國庫受損（中間利潤被商人拿走），但是會慢慢好轉，食鹽專賣收入將穩步增長，愈來愈多，人民還減輕負擔，這就是先弊而後利。」[5]

宋仁宗從善如流，再一次聽從包公的建議，陝西人民得救了。

相信各位讀者看得出來，包公是變法派，是熟知民情、懂得經濟的變法派。他不是王安石那樣的理想主義者，也不是司馬光那樣不懂經濟的保守主義者（司馬光愚蠢地認為「財貨百物止有此數，不在民則在官」，財富總量是不變的，國富則民窮，民富則國貧，國家與人民不可能共同富裕。）包公提倡競爭，看好民營，反對政府直接經商，他是宋朝的自由主義經濟學派。

注釋

1《孝肅包公奏議・請選內外計臣》：「今之總邦計者，內則三司使，外則轉運使。當此財用窘乏之際，居職者尤宜僉求才傑之士，俾之興利除害，庶幾可濟。」

2 原文為「臣竊見河北漳河淤地，名為沃壤，而廣平監於邢、洺、趙三州，共占民田一萬五千餘頃，並是漳河左右良田。每牧馬一匹，占草地一百一十五畝。……河北西路惟漳河南北最是良田，牧馬地已占三分之一，東路又值橫隴、商胡決溢，占民田三分之二，乃是河北民田六分，河水、馬地已占三分。其餘又多是高柳及澤鹵之地，俾河朔之民何以存濟？欲乞卻令人戶依舊耕佃，供納租課。若據一年所得，亦可置數倍鞍馬，公私大利，無甚於此。」

3 原文為「逐州衙前等搬運鹽席往諸州，官自置場出賣，以致兵士逃亡死損、公人破蕩家業，比比皆是，所不忍聞。」

4 原文為「今客人於沿邊州軍入納現錢，收糴軍糧，免虛抬貴價、入中斛斗於榷貨務大支官錢，兼寬得諸般差役勞擾，此乃於國有利，於民無害。」

5 原文為「法有先害而後利者，有先利而後害者。若復舊日禁榷之法，雖暴得數百萬緡，而民力日困，久而不勝其弊，未免隨而更張，是先有小利終為大害也。若許其通商，雖一二年間課額少虧，漸而行之，必復其舊，又免民力日困，則久而不勝其利，是先有小損而終成大利也。」

《陳州放糧》與史實的差距

元雜劇有一齣《包待制陳州糶米》。

話說陳州大旱三年，顆粒無收，老百姓斷了口糧。朝中大臣范仲淹一時糊塗，派兩個官二代去賑災，向饑民出售官倉大米。這兩個官二代分別叫劉得中和楊金吾，一個是劉衙內的兒子，另一個是劉衙內的女婿。劉、楊二位到了陳州，將本該五兩一石的大米哄抬一倍，賣米的時候再剋扣三成，稱量百姓銀兩時還壓低重量：十兩一錠的銀子上稱下稱，只剩八兩；二十兩一錠的銀子上稱下稱，只剩十六兩。一個買米的饑民罵他們欺瞞朝廷，剋扣百姓，竟然被劉得中用紫金錘活活打死。

受害者的兒子到開封府告狀，時任開封府尹的包公接了狀子，去陳州查明案情，砍下楊金吾的腦袋，又讓受害者的兒子親手為父報仇，用紫金錘打死劉得中。

二〇〇八年臺劇《新包青天》也拍了大致類似的故事：陳州大旱，國舅龐昱奉命賑災，卻剋扣賑款，強搶民女，百姓恨之入骨。開封府尹包公在南俠展昭的協助下，一邊去陳州放糧，一邊查明罪證。透過巧設的計謀，包公用龍頭鍘處決龐昱，釋放民女，將糧食發給饑餓的百姓。在返回開封的路上，包公路過草橋鎮，夜宿天齊廟，巧遇宋仁宗的親生母親、由於宮廷鬥爭而流落民間的李娘娘，不久又審出「狸貓換太子」一案。

戲曲與電視劇都屬於藝術作品，不必與歷史吻合，但是這本書旨在探明歷史真相，所以有必要討論一下「陳州糶米」或者「陳州放糧」在歷史上的合理性。

宋朝陳州歸京西路管轄，下轄宛丘、項城、商水、西華、南頓等五個縣，相當於現今河南省周口市的一部分。包公是開封府尹，並不管轄陳州，陳州百姓在陳州受冤屈，如果想去上一級衙門告狀，只能去京西路提刑司，或者去御史臺，或者直接到登聞鼓院告御狀，開封府沒有受理權，開封府尹也沒有資格越境到陳州賑災和審案。即使包公奉皇帝特旨，也要先辭去開封府尹一職，換上「權京東西路提刑使」之類的臨時職銜。

包公曾經做過京東轉運使。按北宋前期官制，轉運使除了管財政，也有賑濟和問案的權力，而京東轉運使轄區在今山東大部，包括豫東的一部分，並不包括陳州。宋朝皇帝非常看重地方官的管轄權問題，每個地方官都只能處理自己管轄區域內的事務，並且在任職期間嚴禁越境，膽敢犯禁，必遭罷官。所以，包公陳州放糧的故事僅是故事而已，在歷史上不可能發生。

查四庫全書本《孝肅包公奏議》，包公一生中或許只做過一件與陳州有關的事情，那就是幫陳州百姓說情，免除官府強加給他們的一些不合理負擔。

宋仁宗慶曆三年（一〇四三年）冬天，陳州遭遇一場多年不遇的暴風雪（注意，並非大旱三年），五個縣的莊稼毀壞大半，桑樹被折損很多。次年春天，持續嚴寒，溫度遲遲不回升，誤了播種和養蠶。陳州知州任中師請示上級衙門京西轉運司，希望能減免慶曆四年的賦稅。京西轉運司批覆道：「夏稅大小麥與免支移，只令就本州送納現錢。」

這句批覆是什麼意思呢？「夏稅大小麥」指夏天農民收穫後，需要向官府繳納的大麥和小麥，俗稱「公糧」。往年繳納公糧，全靠農民自己搬運，官府命令送到哪裡就送到哪裡。譬如說官府要求送到縣級衙門，走幾十里路就能送到；如果要求送到轉運司衙門，則可能要走幾百里路，謂之「支移」。古代交通不便，支移最耗農時，是橫加在農民身上的重擔。因為陳州受災，所以京西轉運司格外開恩，讓農民送到陳州官倉就可以，不用再往轉運司衙門送。又因為陳州歉收，農民缺少糧食，所以京西轉運司免收糧食，只讓農民繳納與糧食等價的現金。

剛接到批覆，陳州知州任中師還沒有來得及替農民高興，京西轉運司又發來一個補充文件：「將大小麥每斗折現錢一百文、腳錢二十文，諸般頭子倉耗又納二十文。」不是讓農民用現金替代糧食嗎？每斗糧食按一百文折算。不是免除了農民「支移」嗎？運費還是要出的，每斗糧食補繳二十文運費。官府收納田賦，由於老鼠、風雨與貪官汙吏上下其手，每年都有損耗，這筆損耗也得讓農民補上，每斗糧食再補繳損耗二十文。

任中師一算帳，每斗要繳一百四十文。市面上麥子售價是多少呢？每斗五十文。陳州農民受災之後，田賦不但沒減少，反而增加了兩倍多！任中師大怒，但是身為京西轉運司治下的小小父母官，他敢怒而不敢言。

這時候，為陳州百姓主持公道的人站出來了。此人是誰呢？正是包公。包公沒有資格插手陳州政務，但是他有資格給皇帝寫奏章。他仔細調查陳州田賦徵收情形，發現除了公糧徵收以外，蠶鹽的徵收也極不合理。原來養蠶地區的農民有向官府繳納蠶絲的義務：每年二月初，官府按照家庭人口數量配發每家每戶食鹽，差不多夠一年食用，到了六月底，蠶事結束，蠶絲上市，再讓農民用蠶絲來償還，此之謂「蠶鹽」。

前文說過，陳州遭遇暴風雪，桑樹被折損大半，養蠶要等來年。農民沒有蠶絲，自然無法償還蠶鹽，於是京西轉運司再次開恩：春天配發給農戶的食鹽，按每斤折價一百文計算，再將一百文折算為小麥兩斗半，每斗小麥折價一百四十文，農民需要按照每斤鹽三百五十文的標準來償還。[1]

市面上官鹽價格又是多少呢？據《續資治通鑑長編》第一百五十八卷記載，宋仁宗慶曆六年（一〇四六年），「官鹽鬻於市，斤為錢百四十。」一斤官鹽售價一百四十文。透過讓農民償還蠶鹽，京西轉運司至少可以賺到兩倍多的差價！對於這種極其無恥的巧取豪奪，包公用八個字來總結：「非常暴斂，小民重困！」官府橫徵暴斂，百姓難以存活。

包公在奏章中寫道：希望皇上趕緊下旨，讓陳州官員按照現在市面上大麥與小麥的實際價格算出合理田賦，讓百姓有錢的繳錢，有糧的納糧。京西路除了陳州，還有別的地方也受災，其中很可能還有像陳州一樣應上級要求輾轉剝削百姓的州縣，也希望皇上趕緊下旨，徹底清理不合理的田賦，否則老百姓就要走上絕路了。[2]

包公的擔憂非常科學。在宋朝，包括在其他朝代，農民從來都不可能按照朝廷規定的標準繳納田賦，因為地方官總會設下種種圈套，或將糧食折成現金，或將銅錢折成白銀，或將勞役折成稅費，或將本來並不存在的損耗層層加碼，統統折到田賦中去。每一次折算都嚴重偏離市場價格，但是農民還必須照辦，否則要麼鋃鐺入獄，要麼背井離鄉。地方官為什麼要這樣做？一半是為了貪汙，一半是為了向朝廷進貢。多收的賦稅稱為「羨餘」，可以送給中央財政，可以送進皇帝的私人金庫，皇帝一高興，當然升你的官。

宋朝皇帝大半有人性，可是他們也愛錢，因為大臣俸祿驚人，又有冗官冗兵，還要向強大的鄰國支付歲幣，國庫開支實在太大，按正常標準徵收的賦稅實在不夠用。既然正常徵收不夠用，那就要默許各地轉運使輾轉剝削百姓，用其他方法「創造」財路。

包公做過好幾任轉運使，但是他從來都不剝削百姓，仁宗對此表示讚賞，因為朝廷確實需要像包公這樣堅持原則的大臣。對於那些「創造」財路的轉運使，包公一貫寫奏章彈劾（《孝肅包公奏議》中收錄幾十篇彈劾各路轉運使多征賦稅的文章），仁宗從不駁斥他的奏章，但是也從不罷免被包公彈劾的轉運使，因為他確實需要幾個為朝廷貢獻更多財源的地方官。

我們說包公是財神，宋仁宗恐怕不會同意，因為包公不會進貢「羨餘」。但是老百姓肯定將包公當作財神，因為包公透過堅持不懈的進諫和彈劾，盡最大努力保護他們的合法財產不受剝削。

注釋

1 原文為「蠶鹽一斤折作現錢一百文，又將此一百文紐作小麥二斗五升，每斗亦令納現錢一百四十文，計每斤蠶鹽卻納三百五十文。」

2 原文為「欲乞特降指揮，令陳州疾速依現在二麥實價估定錢數，令民取便送納現錢，或納本色。……兼慮本路應係災傷州軍，或有似此重行折變之處，亦乞特行勘會，速賜指揮，若少稽延，恐無所及。」

參

斷案如神的虛與實

包公審過哪些案件？

一九九三年版《包青天》拍了兩百三十六集，二〇〇八年版《新包青天》拍了六十一集。《元曲選》收錄公案劇碼十九種，其中包公戲占了十一種。明朝萬曆年間的《百家公案》總共九十九回，每一回都是包公判案。明末清初刊行的《龍圖公案》整整一百回，講的也都是包公判案。現代京劇舞臺上演繹的包公戲，諸如《鍘美案》、《打龍袍》、《烏盆記》、《赤桑鎮》、《鍘包勉》、《探陰山》，無一不是包公判案的故事。

以上電視劇也好，公案小說也好，元雜劇也好，現代京劇也好，只要講包公判案，其身分都是「龍圖閣大學士」（實際上應該是「龍圖閣直學士」）、「倒坐南衙開封府」的開封府尹。

但是我們知道，包公在開封府尹任上只做了一年半左右，就算他不吃不喝、不眠不睡，每天二十四小時都在審案，也審不出一部兩百多集的《包青天》。假如開封府真的有那麼多冤案等著審理，就算包公不累死，在開封生活的老百姓也嚇死了。

還是胡適說得好：「包龍圖包拯，也是一個箭垛式的人物。古來有許多精巧的折獄故事，或載在史書，或流傳民間，一般人不知道它們的來歷，這些故事容易堆在一、

包公審過哪些案件？其實包拯任職開封府尹僅一年半左右，民間流傳幾百則包公戲的奇案故事，大部分都不是真實的。

兩個人的身上。在這些偵探式的清官之中，民間的傳說不知怎樣選出了宋朝的包拯來做一個箭垜，把許多折獄的奇案都射在他身上。」

如果您覺得胡適的表述不夠淺白，再來聽聽清代的說書先生怎麼解釋：「愚下所說的這一部《龍圖公案》，通是胡謅。怎麼能一天一天的書館裡說書呢？列位自想，包公有多少真事？不過是沒枝添葉、沒枝添葉就是了。玉崑三爺說了一輩子的包公案呢，問問他哪一句不是胡謅呢？只要謅出理來，就是好書。」評書大家石玉崑說了一輩子的包公案，最後集結為長篇俠義小說經典之作《三俠五義》（臺劇《包青天》、《新包青天》，以及中國的《少年包青天》均取材於此書），但他講的不是真事，而是編造出來的故事。藝術作品就是這樣，只要編的故事夠好看，就放心大膽去編，我們現在看到的包公判案故事幾乎都是這樣編造出來的。

真實的包公究竟審理過哪些案件呢？我從《宋史》、《仁宗實錄》、〈孝肅包公墓誌銘〉及宋代文人筆記中統計了一下，非常少，大概只有這麼幾宗：

宋仁宗景祐四年（一〇三七年），包公在安徽天長縣做知縣，有一戶農民家裡的耕牛不知被誰割去舌頭，向包公報案，包公透過巧妙謀劃，找到了作案人。

宋仁宗皇祐二年（一〇五〇年），開封平民冷青膽大妄為，冒充皇子，開封府官員不辨真假，將冷青趕出開封。當時包公擔任監察院長（知諫院），臨時奉旨查辦此案，審明冷青的真實身分。

宋仁宗嘉祐元年（一〇五六年）臘月，或者嘉祐二年的上半年，包公擔任開封府尹期間，有人拿著欠條起訴某位高官，說他欠錢不還，包公當堂判決，讓高官償還欠款。

同樣是擔任開封府尹期間，有兩個人在一起喝酒，其中一個人喝醉了，怕藏在袖子裡的金子丟失，交給另一個人保存，次日酒醒去要回金子，對方竟然矢口否認。這個人非常生氣，去開封府告狀，包公又透過巧妙謀劃，幫人家討回金子。

仍然是擔任開封府尹時期，一位名叫章惇的青年進士沒有廉恥，和叔叔的小妾通姦，被人發現，怕挨打，跳牆往外逃，一腳踩到牆外一個老太太的頭上，把人家踩傷了。章惇的叔叔倒沒有報案，這位老太太去報了案。但是包公沒有重判章惇，罰了他一筆錢，就放他回家了。

我將以上案件分別簡稱為「盜割牛舌案」、「冒充皇子案」、「欠錢不還案」、「醉酒失金案」、「章惇通姦案」。大家可以數一數，總共五宗，其中在開封府尹任上審理的案子只有三宗。

據明朝嘉靖年間修撰的《池州府志》，包公在安徽池州做官時還審過兩宗案子，一是「辨浮江屍」，二是「辨瘞僧冤」。具體案情如何，志書裡沒寫，或許包公從江面上漂來的一具無名屍體發現蛛絲馬跡，審明一宗冤案；又或許某位僧人做好事，義務掩埋無主屍體，結果被人當作殺人藏屍的凶手送進大牢，幸虧包公英明神武，替他辨明冤屈。這兩宗案子在包公墓誌銘和宋人筆記中從未記載，卻出現於包公死後五百年的志書之中，很可能也是來自民間傳說，將別人審過的案子附會到包公頭上。

讀者千萬要注意，雖然到目前為止，可以採信的只有「盜割牛舌案」等五宗案件，但絕對不表明包公只審過五宗。他當過知縣、知州、知府，都是有問案權的地方官，審過的案件肯定不止這些，只是現在能讀到的文獻上沒有記載罷了。

擅長引蛇出洞的偵訊技巧

前文說包公受理「盜割牛舌案」，透過巧妙謀劃找到了作案人，他是怎樣巧妙謀劃的？

說穿了很簡單。

包公對哭哭啼啼的報案人說：「別傷心了，反正你的牛沒了舌頭，吃不成草料，活不了幾天了。你聽我的話，現在回家去，把那頭牛殺掉。」

報案人不得不照辦，回去把牛宰了。第二天一大早，包公剛剛升堂，就有人跑進來向他舉報：「報告大老爺，我家鄰居某某某私宰耕牛，您應該派人把他抓起來！」

包公一拍驚堂木：「呔！原來某某某的耕牛就是被你割了舌頭！你割掉人家牛舌，又舉報人家私宰耕牛，是不是和人家有宿仇啊？」這個進來舉報的傢伙嚇一大跳，噗通一聲跪倒在地，乖乖承認自己的罪行。

現代讀者可能看不懂，我來解釋一下包公的判案邏輯：一個人偷偷割掉別人家耕牛的舌頭，而沒有偷走整隻牛，那一定不是為財，而是為了洩憤。誰會經由割牛舌這種手段來洩憤呢？一定是和牛主人有仇的人。誰和牛主人有仇呢？不知道。那麼好，設下一個計謀，讓這個仇人主動現身。怎樣讓他主動現身呢？只需要讓牛主人殺掉耕牛。眾所周知，古代官府重視農耕，禁止民間私宰耕牛。如果牛病了、老了、不能耕田了，確實需要宰殺，也要提前向官府申請，得到官府的許可。現在牛主人沒有得到許可，私自宰殺耕牛，等於犯了禁令，仇人聽到這個消息，一定會到官府舉報，讓官府懲罰牛主人，這樣才能徹底報仇。

包公的邏輯其實有漏洞。一個人偷割牛舌，未必是為了洩憤，也可能因為嘴饞，想吃爆炒牛舌，所以才傷天害理，割了人家的牛舌頭。一個人到官府舉報鄰居私宰耕牛，未必是為了報仇，也可能他是正義魔人，見不得別人違反禁令。但即使存在這樣的漏洞，仍不妨礙包公行使他的計謀——反正牛舌頭已經沒了，早晚是死，宰就宰了。假如此計引不出作案人，也沒有任何損失，繼續想辦法就是了。

前文還提到「醉酒失金案」：兩個人喝酒，醉酒的一方將金子交給另一方保存，另一方矢口否認，拒絕歸還，包公巧設機關，找到了另一方吞沒金子的證據。包公到底設了什麼樣的機關呢？

〈孝肅包公墓誌銘〉有記載，他將原告與被告叫到堂上，然後讓官差拿著公文去被告家裡，對被告的老婆說：「妳老公吞沒人家的金子，經包大人一審，他在大堂上承認了，現在包大人讓我來起贓，妳快把那錠金子拿出來吧！」被告的老婆信以為真，將金子交給官差。包公拿到金子，讓被告跪到近前，再一拍驚堂木：「呔！你這個見利忘義的小人！你不是說沒拿人家的金子嗎？看我手裡這塊黃澄澄的東西是什麼？就是剛才從你家裡找到的！」被告大驚失色，無言可對，只好承認吞沒黃金的事實。[1]

包公在這宗案子裡有沒有邏輯漏洞呢？當然有。宋朝尚未出現精密的指紋鑑定技術，只能用清晰可鑑的手印進行粗略比對，譬如辨別十根手指上共有幾個「簸箕」，幾個「斗」，與手印是否一致。被告老婆交出的黃金上面肯定殘留著指紋，可是憑藉當時的技術，肯定分不出哪個指紋屬於原告，哪個指紋屬於被告，怎見得被告家裡的金子就一定是原告的金子呢？而且從現代法學角度來講，包公讓官差去被告家起贓，欺騙被告老婆，本身就屬於誘供，透過誘供取得的證據在審判時不能採信。

不過我們不能對包公要求太嚴，畢竟他是古人，古代的法律根本沒有誘供之說。古代法官與地方官常常是同一人，既管審案，又管偵訊，還要抓捕嫌疑犯，再加上要處理許多財政事務，有時甚至還帶兵，例如省級司法長官「提刑使」就有兵權。職權如此龐大，事務如此繁雜，審案只能從快從簡，不可能曠日持久地尋找證據與核查證據。再者，古代沒有監視器，沒有通訊記錄，沒有信用記錄，沒有開房記錄，證據很難找，許多案子只能透過哄騙、誘供、恐嚇與刑求，透過這些在我們今天看起來極不正當的問案方式，讓犯罪嫌疑人自己承認罪行。

千萬不要說古代中國太野蠻，同時期的歐洲還在搞「神判法」那一套呢！被告有沒有罪，法官不知道，讓神來決斷。比如說讓被告把手放到開水裡，放到油鍋裡，放到狗熊嘴裡，或者將被告捆起來往河裡扔，或者讓原告與被告決鬥。如果被告毫髮無傷，那就無罪釋放；如果被告傷殘或者死掉，說明他有罪。有罪怎麼判？還需要接受刑罰嗎？完全用不著了，神已經懲罰過了。和野蠻黑暗的歐洲比起來，中國還不算太野蠻，是吧？

古代官員問案，動用刑具的時候居多。刑求逼供當然很野蠻，可是簡單省事，效率很高，官老爺們想要什麼供詞，就能得到什麼樣的供詞。古人云：「三木之下，何供不可求？」大板子打得皮開肉綻，木拶子夾得骨斷筋折，無論有罪無罪，都會承認有罪的。所以法國作家蒙田(Michel de Montaigne)講出了真相：「刑求逼供不足以考察一個案件的事實，只能考察一個人的忍耐力。能忍耐的人不說實話，不能忍耐的人說的是假話。」

相對而言，包公問案最為文明。從我們看到的案子來看，無論是牛舌案、失金案，還是欠錢不還、章惇通姦，都沒有刑求逼供的跡象。冷青冒充皇子那宗案子，包公奉旨嚴審，可能動了刑具，也可能沒動，反正史籍無載。

既不動刑具，又缺乏證據，還想弄清真相，判出儘量公正的裁決，包公真是煞費苦心。審牛舌案，他用計謀讓作案人自己跳出來；審失金案，他用計謀讓被告家屬交出證據。他的計謀用四個字總結，就是「引蛇出洞」。做為一個用引蛇出洞來問案的官員，比那些用刑求逼供問案的官員可愛多了，您覺得呢？

注釋

1 原文為「公密遣吏持牒，為匿者自通，取諸其家。家人謂事覺，即付金於吏。俄而，吏持金至，匿金者大驚，乃伏。」

包公戲的刑求逼供與神判法

真實的包公不喜歡刑求逼供，藝術的包公卻比較喜歡。

詞話本《包公案》中，作惡多端的曹國舅拒絕招供，包公對他用刑：「麻繩吊在高廳上，五十荊條當點心。國舅吊得肝腸斷，打得兩腿血淋淋。」仁宗的弟弟趙皇親拒絕招供，包公也對他用刑：「三十三升鐵菱角，鋪在廳階下面存。抬上皇親趙府主，鐵菱角上見分明。來往四方都推遍，皇親亦似鮮魚鱗。」

清代說唱抄本《龍圖耳錄》第十九回，包公奉旨審郭槐（「狸貓換太子」一案的幫凶），用大板子打了屁股，用鐵拶子夾了手指，郭槐都不肯招。包公的幕僚公孫策獻計道：「須想一個新奇法子，造一件別樣的刑具，只傷皮肉，不動筋骨，務要叫他招承方好。」包公點頭同意。這件「別樣的刑具」叫做「杏花雨」，形狀像洗衣店裡熨衣服的大熨斗，但卻不是平面，底面全是鐵釘，釘尖朝上，先用火盆烤紅，然後命令四名官差用刑：三個人按牢郭槐，一個人拿起「杏花雨」的木柄，往郭槐的脊背上一放，郭槐皮肉被燒得嗞嗞作響，慘叫之聲驚天動地。

藝術作品幹嘛如此渲染包公的刑求手段呢？是想展示包公的狠毒嗎？當然不是。詞話的聽眾也好，小說的讀者也好，電視劇的觀眾也好，都很容易把自己的情感投射到故事中。情感投射之後，每一位受眾都與故事裡的正面人物同呼吸，共命運，對反面人物無不切齒痛恨，恨不得食其肉，寢其皮。假如故事結局僅是將反面人物判處死刑，有時候是不能滿足受眾的。創作者為了滿足受眾，甚或為了滿足自己，不得不著重描述對反面人物的刑求過程，讓大家過一過乾癮。

我們看包公故事，其實看到的不是包公，而是受眾心理。我們可以想見受眾的嫉惡如仇，同時也可以想見受眾的壓抑和偏激。古代包公戲比較殘忍，大團圓結局中往往伴隨著反面人物的慘報，不是被一刀一刀凌遲，就是在包公鍘刀下分成兩段。現在電視劇裡演《包青天》，血腥殘忍的刑求鏡頭就很少出現了。是的，血腥鏡頭多，審片難通過，但更主要的原因，恐怕還是我們經歷了現代法制的洗禮，呼吸著現代文明的空氣，沒有那麼壓抑，也沒有那麼殘忍了。比如說我們現在看《龍圖耳錄》，就會覺得那裡面的包公殘忍暴戾，簡直變態，因為產生這部藝術作品的朝代就是那樣變態。專制的社會培育暴戾的人民，暴戾的人民擁有變態的喜好，變態的喜好催生殘忍的故事，沒辦法。

專制還伴隨著愚昧，愚昧又率領著迷信。明、清兩代將專制發展到了巔峰，所以明清兩代的包公故事摻雜大量迷信的成分，包公晝審陽間，夜斷陰朝，有時候審問人，有時候審問鬼，有時候抓住一股風也能問案，在陰陽兩界自由穿梭，成了半人半神、莫名其妙的東西。鬼神也拿包公當自己人，在包公用計謀和刑求都斷不了案的時候，自動跳出來幫忙包公。

可是鬼神又很怪，從不給予明示，總是提供暗示，讓包公猜謎很久。

舉個例子，明代長篇小說《百家公案》第十二回，一個姓高的農民進城繳納田賦，不小心丟失稅款。高某到開封府報案，包公說：「這銀雖在廟中失去，又不知是何人拾得，其事難以判問。」你丟銀子是實情，可是附近沒有監視器，誰知道被哪個人撿走了？這種無名官司，讓我如何辦理？於是將高某趕了出去。事後包公又想：「某為民牧，自當與民分憂，民若有憂，為人上者不能為民理其事，亦守令之過也。」我是本地父母官耶！應該為老百姓服務，老百姓遇到困難，我不能幫忙解決，還把報案人趕走，這是我的罪過啊！不行，我要贖罪！

包公撚著鬍子想了半天，一條計謀也沒有，只好寫一道禱文，去城隍廟燒香祭拜，祈求天神顯靈，幫助查案。一連祈禱三天，城隍果真顯靈——狂風大作，開封府衙門口飄落一枚樹葉。包公撿起樹葉觀察，葉片當中被蟲子蛀了一個洞。包公略作推敲：樹葉有孔，敢情是一個叫「葉孔」的人偷了稅款？於是命兩個手下去大街上高喊「葉孔」，果然有人應答，應答者果然偷盜了稅款，他的名字果然就叫葉孔。

再看《百家公案》第六十八回，某年輕女士被砍頭，找不到腦袋和凶手，宋仁宗命包公查辦，包公束手無策。沒辦法也得查，包公抱著試試看的態度，讓差官上街請了一個算命先生。先生推得周易六十四卦的遁卦，並寫下卦辭道：「卦遇天山遁，此義由君問。聿姓走東邊，糠口米休論。」

什麼意思？看不懂，根本是天書嘛！可是包公英明神武，分析出了卦辭的含義：

陰陽之數，報應不差。當占卜之時，得卦辭未明其意，及再三思之，方解得其辭。前二句乃是助語，第三句云「聿姓走東邊」，天下豈有姓「聿」者？猶言「聿」字加一「走」之，卻不是「建」字？「糠口米休論」，必謂「糠口」是個地名。及問之，又謂無此地名。想來「糠」字去了「米」，是個單「康」字。離城九十里有建康驛名，且建康是往來衝要處所，客商並集，我亦疑此婦莫被客商帶走，故令彼鄰里有相識者往訪之，當有下落，果不出所料矣！

案子查明，那位被害的年輕女士並沒有死，死的是一個替身，真身被過往商販擄走了。擄到哪裡呢？建康（即今日江蘇南京）。包公怎麼知道她被擄到建康呢？因為卦辭中「聿姓走東邊」是一個「建」字，「糠口米休論」是一個「康」字，兩個字合起來，正是建康。

疑案難查，無頭公案更難查，查來查去查不到，只好求助鬼神，請神仙幫忙判案，可見包公故事裡也存在中世紀歐洲的神判法。但不同之處在於，歐洲的神仙比較直白，一是一，二是二，有罪就有罪，無罪就無罪，用不著讓法官猜謎；我們的神仙比較含蓄，將判決層層疊疊包起來，讓法官絞盡腦汁來解謎，否則甭想破案。

神仙肯定不存在，歐洲沒有，我們這兒也沒有。我們研讀包公故事，讀的不是神仙，也不是神判法，而是西方人與東方人的性格差異，是西方作家與東方作家的風格差異。西方人愛直接，神判也直接；東方人愛含蓄，神仙也跟著含蓄。西方作家著重寫人性，不賣弄學識；東方作家特別是古代中國的作家，著重寫故事，還特別喜歡在寫故事的同時賣弄學識。拆字，猜謎，將真相揉入詩詞或隱語，就是作家賣弄學識的表現。其實公案小說的受眾以半文盲居多，對詩詞和隱語根本不感興趣。既然受眾不感興趣，作家為什麼還要那樣寫呢？因為作家自己感興趣，這樣寫著過癮。

鐵面無私也有徇私時

好，我們把作家塑造的藝術包公放一邊，接著探討真實的包公。

真實的包公在審案時，並不總是鐵面無私，他也有徇私的時候。就拿「章惇通姦案」來說，章惇和長輩的小妾通姦，還踩傷別人，包公只是判處罰金，算不算徇私枉法呢？

按北宋法典《宋刑統》：「和姦者，男女各徒一年半，杖一百。」男女通姦，各判一年半徒刑，各打一百大板。

《宋刑統》又規定：「姦小功以上父祖妾及與和者，謂之內亂。」與堂祖父、祖父、堂叔父、堂伯父、父親、外祖父、舅父等長輩的小妾通姦，謂之「內亂」。內亂、欺君罔上、反叛國家、不孝父母、惡性殺人，都屬於「十惡不赦」之罪，應該從重判處，不許減刑，不許赦免，更不許用罰金來代替刑罰。

章惇與人通姦，本應判處徒刑一年半，打他一百大板。而他通姦的對象又是「小功以上父祖妾」，屬於十惡不赦，更應從重判處，例如徒刑兩年，打一百二十大板。可是包公不但不重判，反而輕判，一不判徒刑，二不打板子，僅僅罰金了事，是不是徇私枉法？坦白講，真的是徇私枉法。

章惇字子厚，宋仁宗嘉祐二年（一〇五七年）中進士，長得很帥（怪不得叔叔小妾願意和他要好），性情高傲，後來管過民政，管過財政，帶兵平定過湖北叛亂，是一個特別有才幹的人。王安石變法，章惇做副手，幫忙出謀劃策，很受王安石的器重。王安石下野後，他做宰相，雖然在政治上排除異己，到處樹敵，但是在軍事上很有辦法，吞併了吐蕃後裔唃廝囉部，收復被西夏占領的一些疆域。

包公擔任開封府尹的時候，章惇還是毛頭小夥子，尚未嶄露頭角。但是包公和他父親章俞的關係很好，大家同朝為官，不便讓同僚的兒子受刑，更不想將此醜事張揚得滿城風雨。所以呢，包公包庇了章惇，糊裡糊塗結了案。為什麼要判處罰金呢？估計是為了賠償那位被章惇踩傷的老太太吧！

包公包庇章惇一案，出自司馬光的記載。司馬光言簡意賅：「時包公知開封府，不復深究，贖銅而已。」所謂「不復深究」，正是徇私枉法的委婉說法。那麼包公判案的時候會不會被章惇或者章惇的父親所收買呢？應該不會。按照包公的秉性，他這次徇私，為的絕對不是財，而是同僚的顏面。或者更準確地說，是為了維護封建禮教的顏面。

用我們現在的眼光看宋朝官員判案，有時會覺得他們腦子有病。

比如說南宋有一個非常無恥的老人，竟然對自己的兒媳不規矩，他兒子到衙門控告，父母官竟然打了兒子一百大板，理由是「當爹的可以不慈，當兒的不能不孝，即使父親對媳婦不規矩，也應該隱瞞父親的惡行，將妻子趕走，讓父親沒機會繼續不規矩就是了。」[1]請問諸位，您聽說過如此荒唐的邏輯嗎？但是這個邏輯卻堂堂正正載於南宋判案精選集《名公書判清明集》，宣揚這個邏輯的法官又是南宋名臣胡穎。胡穎和包公一樣是個清官，學問很大，威望很高，政績很多，觀念很封建，邏輯很混蛋。

《名公書判清明集》中還有一個案例：某舉人與鄰居家的童養媳通姦，致其懷孕，鄰家告上衙門，卻遭到舉人同胞兄弟的毆打。您猜法官是怎麼判的？那個與人通姦的舉人本應判處徒刑，但因為他是舉人，所以免予刑罰，派衙役扭送到府學，讓校長打他二十荊條，警告他不要再犯。舉人的弟弟毆打原告，本應判處杖刑，但是因為他在替哥哥出頭，「以愛兄之道」，無罪釋放。天啊！舉人犯罪就能免除刑罰，為兄長出頭就能隨便打人，北宋法典《宋刑統》沒有這樣寫啊！南宋法典《慶元條法事類》也沒有這樣寫啊！堂堂父母官怎麼能不尊重法律條文呢？怎麼能按照自己的邏輯胡亂判決呢？

事實上，宋朝官員並不認為這樣的判決是徇私枉法，因為他們多數是儒家門徒。在儒家門徒特別是理學門徒的心目中，上下尊卑比社會公正更重要，封建禮教比法律條文更重要，用南宋理學名臣真德秀的話說：「吾輩聽訟，當以正名分、厚風俗為主。」父子之間的名分可以超越法律，家醜不可外揚的禮俗可以掩蓋事實，法官判案不需要遵循法典，遵循《論語》和程朱著作就可以了。

由此推想，包公包庇章惇之時，肯定不認為自己正在徇私枉法，他依然正氣凜然，依然鐵面無私，因為他維護了另一套正義——儒家的正義。好多學者都說包公是法家，但是從章惇一案來看，包公身上散發出濃濃的儒家氣味。

注釋

1 原文為「父可以不慈，子不可以不孝，縱使果有新臺之事，只有為父隱惡，遣逐其妻足矣。」

包公護短的一面

說完了包公徇私的一面，再說包公護短的一面。

據《宋史翼》記載，包公有一個門生，名叫王尚恭，在開封府陽武縣（今河南省新鄉市原陽縣）當知縣，某宗案子判得不公，當事人上訴到開封府，請包公複審。包公一看狀子，此案已被門生審過，當即扔到了地上，說：「既經王宰決矣，何用複訴？」既然我的學生王縣長都審過了，還用得著複審嗎？把狀子拿回去，恕不受理！

王尚恭是包公的門生，也是包公的下級，包公喜愛他、信任他，認為他不會犯錯，所以連案情都不看，直接發還。由此可見，包公有些武斷，也有些護短。

由於護短，包公有一回差點釀成大錯。

《續資治通鑑長編》第一百九十卷，宋仁宗嘉祐四年（一〇五九年），包公初任三司使，他的下屬有一個負責為軍隊發放餉銀的度支判官，拖欠軍餉八十五天，激起了兵變。朝中同僚對包公說：「你的下屬嚴重瀆職，必須立即抓起來，不然我們沒辦法平息兵變。」但是包公護短，一直拖著，直到別人寫奏章彈劾他，才迫不得已交出下屬。

包公一生都在彈劾別人，這回終於被人彈劾。他該不該被彈劾呢？該，因為他護短！兵變豈是小事？拖欠軍餉豈是小罪？這種事還護短，簡直莫名其妙。

包公秉性剛直，剛直的人一般都有些剛愎，相信自己就是對的，自己用的人就是好的，你說我的人有錯，我不聽我不聽我不聽。

《續資治通鑑長編》第一百九十卷還記載，包公擔任三司使時，恰逢河北邊境大裁軍，一萬多名老弱病殘的士兵被迫復員，丟掉了飯碗。有一個士兵名叫張玉，誤以為裁軍是包公的主意，一鼓作氣衝進三司衙門，指著包公的鼻子大罵，隨即被包公的護衛捆翻在地。

小小兵丁辱罵大臣，那還得了？送到開封府必死無疑。可是包公的性格就是這麼古怪，他自己剛直，也喜歡別人剛直，張玉罵他，他反倒欣賞：「嗯，不錯，這小子有種！」

仁宗皇帝很快聽到了消息，命開封府逮捕這位膽敢辱罵包公的小兵，包公卻跟仁宗說謊：「我剛才讓醫生診斷過，這個人是瘋子，放他走好了。」

這段故事容易讓我們想起《鹿鼎記》裡的韋小寶。

韋小寶打道回府，被江洋大盜茅十八指著鼻子大罵，罵得惡毒極了。康熙皇帝聽說此事，讓御前侍衛去抓人，要親自審問，韋小寶攔著不讓人去抓，對侍衛說：「已詳細審過，原來是個瘋子，這人滿口玉皇大帝、太上老君的胡說八道，兄弟問不出什麼，狠狠打了他一頓，已將他放了。」你看，包公的做法和韋小寶一樣，都是為了保護辱罵他的人。

可惜的是，包公沒能保住張玉的性命：皇帝不相信包公的話，讓開封府仔細審問，一審就知道，張玉沒瘋，於是砍了他的腦袋。[1]幸虧仁宗沒有追究包公欺君的責任，否則包公也會受到懲處。

包公不惜犯下欺君之罪，只為了迴護一個小兵，這回不是護短，是珍惜別人的生命，是剛直對剛直的惺惺相惜，是包公又一可愛之處。

注釋

1 原文為「詔下開封察其事，玉實無心疾，臺諫乃言玉驕悖，敢凌辱大臣，不可不誅。法官奏比附諸軍階級，罪當死，遂誅之。」

性格缺點：剛愎自用

司馬光做過包公的下屬，對包公有所了解，他在《涑水紀聞》中評價道：包公當長官，對下屬很不客氣，下屬說的不對，他一頓狠批，絲毫不給人留面子，有時罵得狗血淋頭。罵過以後，發現罵錯了，又主動向人家承認錯誤：「對不起，還是你對，我錯了，就按你說的辦。」性情剛直，但是不剛愎，難能可貴。[1]

其實司馬光對包公還是過譽了，包公不但剛直，而且剛愎。

我們來聽聽沈括怎麼說。

沈括《夢溪筆談》記載，包公任開封府尹，大家都誇他明察秋毫，但是他卻被一個衙役蒙蔽了。說是某平民百姓犯了罪，成了被告，應該打板子，因為怕疼，向衙役行賄，希望少挨兩下。衙役說：「如果是別的老爺坐堂，你塞些錢給他，他一定給你減刑。可是我們這位包老爺與眾不同，他不愛錢，你向他行賄，他會重重地判你。我給你出一個主意，升堂時，你就拚命喊冤，我在旁邊喝斥你，這樣包大人就會打我的板子，而將你無罪開釋。」

果然，一會兒升堂，被告大喊冤枉，包公尚未開言，衙役在旁喝道：「但受脊杖出去，何用多言？」說你有罪就有罪，喊什麼冤枉？等著挨板子吧，少囉嗦！於是包公中計了，以為被告真的冤枉，而衙役接受賄賂，所以才喝斥被告。於是包公不再細審，命人將衙役按倒在堂下，劈里啪啦打了一頓。被告呢？無罪開釋。

人人都誇明察秋毫，包公就自以為明察秋毫，他過於相信自己的判斷，剛愎自用，所以被一個衙役矇騙，判了一件錯案。

不過整體來說，包公在古代仍然是一個好法官。他有徇私的一面，有護短的一面，有剛愎自用的一面，那都是小節。至於大節，他仍然稱得上清正廉明、剛正不阿，既精明能幹，又能在法律面前大義滅親。

宋人筆記《卻掃編》記載，包公初任開封府尹，幕僚與衙役想試試他的深淺，看他到底通不通政務、會不會判案。如果試出包公是一個可以糊弄的笨蛋長官，那以後就糊弄他好了，大家想徇私就徇私，想舞弊就舞弊，想貪汙就貪汙，想腐敗就腐敗，明目張膽發大財。這些人將前任長官沒處理完的案子都抱了出來，嘩啦嘩啦堆在包公的辦公桌上，讓包公看著辦。包公不慌不忙，先命所有人員都來到堂上，再命令關上大門，嚴禁出入，然後一份一份審閱案卷，決斷不了的疑案暫放一邊，證據確鑿的案子當堂宣判，發現案卷中哪個人有受賄舞弊的蛛絲馬跡，立即喝令捆起來打板子。經此一役，包公一戰成名，「自是吏莫敢弄以事。」從此下屬們再也不敢在他面前搞鬼。

再看司馬光《涑水紀聞》的記載：包公回合肥老家做知府，親戚朋友都以為有了靠山，可以仗勢欺人，把持官府。依包公性格，豈能容忍他們胡來？他決定殺一儆百，給親友們一個教訓。有一個堂舅（母親的堂兄弟）犯了罪，包公從重判處，砍了這個堂舅的腦袋。從此以後，那些故舊親朋都老老實實做起守法良民。[2]

另一部宋人筆記《獨醒雜誌》還記載包公任開封府尹時的一則軼事。

開封城失火，包公率領軍民人等緊急撲救，一邊指揮著士兵用鉤竿拉倒著火的房屋（防止延燒），一邊讓其他人飛速去擔水滅火。正忙得不可開交時，一個小混混跑過來故意搗蛋：「取水於甜水巷耶？於苦水巷耶？」你只叫我們擔水，沒說去哪兒擔啊？請問是去甜水巷取水呢？還是去苦水巷取水呢？包公不理他，轉頭對護衛說：「將這廝給我砍了！」護衛一刀下去，小混混見了閻王。

這個人只是搗亂而已，並不該死，包公為什麼當場殺人？因為那是救火的危急時刻，需要齊心協力、眾志成城，包公不殺他，可能還會有人搗亂，如果影響到大家都不聽指揮，豈不誤了大事？包公雷厲風行，說殺就殺，說明他辦事果斷，也說明大宋法制很不健全，官員擁有不經審判就殺人的權力。

注釋

1 原文為「拯為長吏，僚佐有所關白，喜面折辱人，然其所言若中於理，亦幡然從之。剛而不愎，亦人所難也。」

2 原文為「包希仁知廬州，廬州即鄉里也，親舊多乘勢擾官府。有從舅犯法，希仁戮之，自是親舊皆屏息。」

開封府的三口銅鍘

到了戲曲中，包公殺人的權力就更大了。包大人一升堂，先將三個殺人刑具擺出來：龍頭鍘、虎頭鍘、狗頭鍘。銅鑄的鍘身金光閃閃，雪亮的鍘刀令人膽寒，鍘刀的木柄光亮如新，不知道曾經鍘死多少人命。膽小的犯人上了堂，不用動刑，光給他看看這三口銅鍘，就能讓他魂飛魄散，當堂招供。

戲曲中包公問案，效率高得很，審完就判，判完就鍘，完全沒有死刑覆核程序。從京劇到豫劇，包公戲總是隨著包黑子一聲「開鍘」的怒吼進入高潮，以至於很多劇種乾脆就將「大鍘」定為包公戲的戲名。例如河南豫劇有四大鍘：《鍘美案》、《鍘趙王》、《鍘郭嵩》、《鍘郭槐》。湖北漢劇也有四大鍘：《鍘美案》、《鍘包勉》、《鍘國舅》、《鍘判官》。

京劇《鍘美案》開場，包公先有一首定場詩：

鐵面無私坐南衙，文臣武將膽戰麻。

任他皇親並國戚，犯法難逃虎頭鍘。

京劇《花蝴蝶》（又名《盜玉馬》、《鴛鴦橋》）第三場，包公上場時先唱一段西皮快板：

銅鑼開道人吶喊，誰人不知包青天。

我身邊隨帶著張龍、趙虎、王朝和馬漢，三口銅鍘神鬼寒。

一路上斷了些個無頭案，捉惡霸，斷土豪，滅卻贓官。

黑驢告狀真奇案，夜斷烏盆伸過冤。

只因錯斷顏查散，地府陰曹鍘判官。

十里長亭鍘包勉，有那屈死枉魂速來伸冤。

總而言之，包公戲離不開鍘刀。包括臺劇《包青天》，鍘刀更是必不可少的道具：

國舅趙國棟欺男霸女，被鍘；太監郭槐暗害李娘娘，被鍘；賣烏盆的小販丁千謀財害命，被鍘；趙王爺強搶民女，被鍘；郡王石國柱刺殺皇帝，被鍘。隔不了幾集，包公就用他的鍘刀鍘幾個壞蛋，讓觀眾過一過剷奸除惡的癮。在戲曲與電視劇的影響下，現在開封著名景點「開封府」的大堂上也陳列著三把鍘刀，有演員扮演包公、衙役和護衛，每天在開封府裡上演「開鍘」（請參見第九頁彩圖）。

藝術的包公可以開鍘，真實的

包青天一升堂，將龍頭鍘、虎頭鍘、狗頭鍘一擺出來，膽小的犯人不需動刑，馬上就魂飛魄散，當堂招供。

包公可以開鍘嗎？應該是不行的。

按宋朝法律，無論多麼罪大惡極的不法之徒，只能「享受」到五種刑罰：笞、杖、徒、流、死。笞是用小板子打屁股，杖是用大板子打屁股以及打脊背，徒即徒刑（同時附加打板子的刑罰），流即流放（也附加打板子的刑罰），死即死刑。

按照犯罪程度的輕重，死刑又分三種：絞刑、斬首、凌遲。用鍘刀鍘掉人的腦袋，或者從中間鍘成兩段，在宋朝屬於「非刑」，即非法用刑。非法用刑倒不是沒有，如宋太宗太平興國七年（九八二年），民間有八人結為異姓兄弟，購置兵器，聚眾謀反，被地方官用招安的方式騙進大牢，然後用大鐵釘活活釘死。宋真宗天禧四年（一〇二〇年），民間又有人偽造天書，自稱皇帝，真宗下旨將其釘在柱子上示眾三日，砍掉手腳，割掉鼻子，挖出眼睛，砸碎膝蓋，摘下睾丸，最後才砍下頭顱。又據《宋文鑑》第四十二卷記載：對於犯下大罪的犯人，官府往往非法用刑，或剁掉雙腿，或砍斷雙手，或釘穿身體，或烙焦筋骨，甚至還有非常殘暴的地方官挖人心肝、活活剝皮，殘忍到讓人不忍聽聞的地步。[1]

包括北宋名臣富弼處置兵變，兩千多名士兵被他擒獲，審出其中四百人是始作俑者，按律應處斬刑，但是富弼竟然學習戰國舊法，將這四百人一起活埋。

宋朝官員非法用刑確實不鮮見，但當時史料中並沒有使用鍘刀的記載。倒不是說宋朝官員認為鍘刀比剝皮挖心還要殘忍，從而不忍心使用，而是因為宋朝尚未出現鍘刀。

鍘刀很可能是蒙古人發明的——冬季養馬，需要將儲備的乾草切碎，鍘刀可以切割得很均勻，省時省力，非常好用。元朝以前，中國史籍及戲曲中沒有見過鍘刀，到了元朝，鍘刀突然粉墨登場，在元曲、元雜劇與元人筆記中獨領風騷近百年。包公用銅鍘懲治罪犯的形象，正出自元代劇作家之手。

在元雜劇《包待制智勘後庭花》中，包公向上司要求全權審案，上司道：「與你勢劍銅鍘，限三日便與我問成這樁事。」在元雜劇《包待制智勘灰闌記》中，包公自己唱道：「可知道為兄妹之情，兩次三番，在公廳上胡言亂語的，若不是呵，就把銅鍘來切了這個驢頭。」另一齣元雜劇《玎玎璫璫盆兒鬼》，第一次塑造了官府大堂橫擺銅鍘的恐怖景象：「俺則見狠公吏把荊杖搊，惡曹司將文卷押，兩邊廂擺列著勢劍銅鍘，中間裡端坐個象簡烏紗。」後世長篇小說《三俠五義》中開封府的陳設，電視劇《包青天》

中開封府的道具，歸根結柢來源於此。

元代劇作家為什麼要給包公配備鍘刀呢？可能是因為鍘刀鍘人的場景確實恐怖，可能元代社會生活中確實發生過蒙古官吏用鍘刀殺人的事件，但最關鍵還是因為元朝有了鍘刀。假如讓宋朝人創作包公戲，鍘刀就不可能出現在道具清單裡，包公想把人弄成兩截，只能用大斧頭執行腰斬。

注釋

1 原文為「今日或行劫殺人白日奪物背軍逃走與造惡逆者，或時有非常之罪者，不從法司所斷，皆肢解臠割，斷截手足，坐釘立釘，懸背烙筋……。長吏殘暴，更加增造取心活剝，所不忍言。」

御賜的尚方寶劍？

除了三口銅鍘，包拯包大人還有一項更厲害的法寶：尚方寶劍。

在豫東道情[1]《鍘國舅》這齣戲中，包公要鍘國舅龐昱，遭到老太師龐吉免死金牌的阻撓。三口銅鍘威力雖大，碰見免死金牌就沒用了，老太師金牌一晃，無人膽敢上前。但是包公一點也不怕，因為他還有皇上御賜的一口尚方寶劍，擁有先斬後奏之權。龐太師的免死金牌遇上包青天的尚方寶劍，登時灰頭土臉敗下陣來，還是擋不住包公將龐昱鍘成兩段。

周星馳主演的香港電影《白面包青天》（又名《九品芝麻官》）也出現尚方寶劍：八府巡撫包龍星正要鍘一個殺人滿門的惡少，惡少的乾爺爺突然登場，拿出一件黃馬褂給惡少穿上。據說那黃馬褂是慈禧老佛爺所賜，屬於御賜護身符，相當於一面免死金牌。眼看著惡少穿上黃馬褂，包龍星束手無策，乾瞪眼沒辦法。就在這緊急時刻，他的母親祭出一把寒光閃閃的尚方寶劍，馬上扭轉局面。當然，包龍星後來才知道那口寶劍是明朝皇帝所賜，做為骨董或許很值錢，對付清朝的黃馬褂就不行了。

在中國歷史上，尚方寶劍確實是有的。「尚方」者，「尚方監」

包公戲《鍘國舅》中，包公要鍘國舅龐昱，遭到老太師龐吉免死金牌的阻撓，於是亮出御賜的尚方寶劍，還是鍘了龐昱。

是也，存在於秦漢隋唐等朝代，隸屬於宮廷機構少府監之下，負責為皇帝打造日常應用之物，相當於後來清朝內務府的造辦處。顧名思義，尚方寶劍就是尚方監為皇帝鑄造的寶劍，象徵著皇帝至高無上的生殺大權。

《宋史》有載，南宋奸相丁大全倒行逆施，國子監主簿徐宗仁伏闕上書：「欲借尚方劍，為陛下除惡。」[2]希望陛下借給我一把尚方寶劍，讓我把丁大全這廝宰了。

南宋另一位奸臣陳垓排斥異己，太學生劉黻上書請願：陳垓這傢伙罪惡滔天，多活一天也是禍害，陛下現在不殺他，將來再也制不住他，雖然我們這些忠臣義士會挺身而出，借陛下的尚方寶劍取他頭顱，但是對國家造成的危害難以挽回。[3]

宋朝人也就是動動嘴，從來沒有哪個人真的借到了尚方寶劍。到了明朝，尚方寶劍才開始賜給臣子。例如萬曆十八年（一八九〇年），蒙古順義王起兵造反，進攻寧夏，兵部尚書魏學曾受命出兵，和蒙古人打了兩年，由於部將不聽指揮，始終沒有平定叛亂。後來萬曆皇帝賜給魏學曾一把尚方寶劍，給他先斬後奏之權，戰局才得以扭轉。

萬曆皇帝性子急，總覺得魏學曾辦事不力，還沒等寧夏叛亂徹底平定，就撤了魏學曾的職，讓陝西巡撫葉夢熊接著領兵打蒙古人。據《明史》第二百二十八卷記載：「夢熊既代學曾，亦賜尚方劍。」葉夢熊接替了魏學曾的兵權，萬曆皇帝也賜給他一把尚方寶劍。魏學曾、葉夢熊二人都是文官，文官帶兵的好處是能讓皇帝放心，不怕他們造反，壞處是沒有指揮經驗，很難讓部將信服。部將不聽主帥指揮，自然難打勝仗，所以皇帝才賜給尚方寶劍，誰敢不聽，請出尚方劍，殺了再說。

明朝後期，為了抵禦女真人的進攻，天啟皇帝派孫承宗駐守遼東，後來崇禎皇帝又派袁崇煥駐守遼東，孫承宗和袁崇煥都是文官，也都受賜尚方寶劍。袁崇煥在皮島誅殺大將毛文龍，用的就是崇禎給他的那把尚方劍。

簡單說，尚方寶劍是存在的，但是明朝以前的官員不太可能擁有，明朝官員當中也只有奉旨帶兵的文官才可能擁有，目的是讓大將們服從文官的指揮，而不是用來對付皇親國戚和貪官汙吏。

有意思的是，元朝戲曲中也經常出現一種類似於尚方寶劍的劍，叫做「勢劍」，它與「金牌」往往並稱。

例如關漢卿寫的雜劇《望江亭中秋切江膾旦》（一名《切膾旦》）：楊衙內看中潭州太守的妻子，想奪為己有，於是誣告潭州太守犯法。皇帝信以為真，賜給楊衙內「勢劍金牌」，讓他去潭州取太守首級。

元朝另一位劇作家岳伯川寫的雜劇《呂洞賓渡鐵拐李》：宋朝大臣韓琦微服私訪，被鄭州府小官岳壽百般刁難。後來岳壽從韓琦的包裹裡突然搜出「勢劍金牌」，嚇得一口氣沒轉過來，魂靈直奔陰朝地府。又因為生前作惡太多，岳壽被牛頭馬面扔進油鍋，吃盡了苦頭。最後被神仙呂洞賓收為弟子，透過瘸腿李屠戶借屍還魂，從此成為八仙當中的「鐵拐李」。

當然還有關漢卿最著名的雜劇《感天動地竇娥冤》：竇娥的父親竇天章官至兩淮提刑廉訪使，隨身也帶著皇帝賞賜的「勢劍金牌」。

在元雜劇中，我們的包拯包大人同樣離不開「勢劍金牌」。請聽他在《玎玎璫璫盆兒鬼》中的一段唱詞：

敕賜勢劍金牌，容老夫先斬後奏。

專一體察濫官汙吏，與百姓伸冤理枉。

勢劍與金牌並稱，很像一對拆不散的鴛鴦，不離奉旨出巡的高官之左右。這對鴛鴦在元朝歷史上真的存在嗎？看《元史》就知道了。

據《元史．張弘範傳》，大將張弘範南下攻宋，元世祖忽必烈賞賜錦袍玉帶，他不要，請求賞賜寶劍盔甲。元世祖讓張弘範去兵器庫裡隨便挑選，並囑咐道：「劍，汝之副也，不用令者，以此處之。」這把劍是你的副官，是你的行刑隊長，哪個軍官不聽你命令，就用這把劍砍死他好了。張弘範挑選的到底是不是勢劍，《元史》沒有明寫，但是鑑於它有先斬後奏之威力，我們不妨將其當作勢劍或者尚方寶劍。

元朝武將分為萬戶、副萬戶、千戶、下千戶等級別。萬戶管兵萬人以上，授予金牌；副職萬戶管兵三千以上，授予金牌；千戶管兵千人以上，授予金牌；下千戶管兵三百以上，授予金牌。

蒙古統治者派駐江南各地的低階鎮守官「達魯花赤」，也都授予金牌。皇帝派欽差大臣巡行各地，通常也會賜予虎頭金牌做為憑證。由此可見，金牌在元朝軍隊與官場中是特別常見的東西，它的數量一定比勢劍多得多，威力一定比勢劍小得多。元雜劇中的包公以及其他巡官如果僅有金牌在手，未免顯得寒酸，於是劇作者再給他們添上勢劍，就可以神擋殺神，佛擋殺佛了。

注釋

1 道情是中國曲藝的一個類別，源於唐代的《承天》、《九真》等道曲，南宋始用漁鼓、簡板伴奏，故又稱道情漁鼓。至清代，道情與各地民間音樂結合，形成了同源異流的多種形式，如陝北道情、江西道情、湖北漁鼓、四川竹琴等。道情多以唱為主，說為輔，有坐唱、站唱、單口、對口等表演形式。

2 請見《宋史》卷四二五。

3 《宋史》卷四〇五：「若垓之罪，又浮於滎，雖兩觀之誅，四裔之投，猶為輕典，陛下留之一日，則長一日之禍，異時雖借尚方劍以礪其首，尚何救於國事之萬一哉？」

包公信神不怕鬼

元雜劇中的包公有勢劍金牌，電視劇中的包公有三口銅鍘與尚方寶劍，而在明朝詞話唱本當中，包公的配備卻被換成了八種武器。

哪八種武器？黃木大枷黃木棒，打皇親國戚；黑木大枷黑木棒，打貪官汙吏；松木大枷松木棒，打惡霸地痞；桃木大枷桃木棒，打妖魔鬼怪。既打活人，又治死鬼，開封府明鏡高懸的大堂上，開始彌漫陣陣鬼氣。

包公並不是唯物主義者，他身處科學蒙昧的古代，他相信世間存在超自然的力量。

宋仁宗慶曆五年（一〇四五年）四月初一，京城日蝕，包公上了一道奏章：四月處於春夏之交，正是陽氣充足的時候，卻突然出現日蝕，又接連發生幾起火災，這難道不是上天對陛下的警告嗎？[1]

當時，宋仁宗寵愛一個姓張的嬪妃（史稱「張溫成皇后」），對她言聽計從，還提拔她的親戚。包公認為正是仁宗對張娘娘過分寵愛，才導致陰盛陽衰，陰陽顛倒，太陽被陰氣所籠罩。

隨後包公提出建議：仁宗應該遠離美色，防範後宮，別再聽信女人的枕邊細語。如若不然，上天還會給予更大的警告。[2]

還有一年，木星進入天蠍座，包公坐不住了，又寫了一份奏章：微臣包拯夜觀天象，看見木星侵入天蠍座一帶，距離北極星特別近，一個月來都是如此。按《周禮．天官》解釋，天蠍座、處女座、天秤座、射手座，分別象徵皇上的四個親信大臣，是國家權力中心之所在。我們大宋五行屬火，木星與火星是我們的福星，而天蠍座則對應中原之地。如今我們的福星偏離軌道，侵入中原之地，恐怕將有災難發生。微臣認為這是上天又一次對皇上提出警告，希望皇上慎重對待。[3]

另據宋人筆記《默記》中卷記載，宋仁宗慶曆七年（一〇四七年），包公任陝西轉運使，「才入境，至華陰謁廟，……禮神畢，循行廟內。」進入陝西境內，先到華陰縣的一座廟裡祭拜神仙。

出現日蝕，包公認為是上天示警；木星改變運行軌跡，包公認為是上天示警；上任途中，又恭恭敬敬祭拜神仙。很明顯，包公是相信天命、相信神仙的。

包公信神，自然也信鬼，但他膽大如斗，並不怕鬼。

按《仁宗實錄．包拯傳》及〈孝肅包公墓誌銘〉記載，包公在慶曆五年出使遼國，向遼國皇帝與皇太后拜年。遼國人安排包公到一間名為「神水館」的賓館居住，有知情者警告包公：「前使者過，數遇凶怪，如有物擊之仆地。」以前也有使臣在神水館住過，三番兩次遇到鬼怪，在平坦的道路上行走，莫名其妙跌倒在地，彷彿有鬼追打他們。

包公聽了，對隨從們說：「雖有怪，毋得言。」這個賓館可能鬧鬼，但是我們不要怕，今天晚上無論見到多麼古怪、多麼嚇人的事情，都不要說出去。於是大家遵照包公的吩咐就寢，很奇怪，一覺睡到天亮，什麼事都沒有發生。

注釋

1 原文為「正陽之月，黯然日蝕，而又亢陽益甚，火災繼作，害孰大焉。得非上天有以叮嚀垂誡於陛下邪？」

2 原文為「抑陰尊陽，防微杜漸，然後日御便殿，博延公卿，詢訪直言，講求古道，勵精為治，以答天戒。如此，則積異消於上，厲階絕於下。」

3 原文為「臣竊見歲星犯房宿，近鉤鈐之位，於今月餘未順。按《天官》云，房四宿為明堂，天子布政之宮，亦曰四輔，股肱將相之位也。……伏況國家盛德在火，歲火二曜，俱為福星，房心又是宋之分野。……乃上天之意，所以篤佑聖宋，叮嚀陛下，如是之至。夫變異之來，各象過失，以譴告人主，猶嚴父之明戒，恐不寅畏恐懼乎！」

對遼國情報戰的建議

慶曆五年（一〇四五年）八月十一日，包公從開封出發到遼國，因為交通不便，沒有現代化便捷工具，全靠騎馬和步行，直到第二年春天才回國，往返途中，花了將近半年的時間。

包公不能容忍半年的時光白白浪費，他一路走，一路觀察。觀察什麼呢？一是沿途人民的生活狀況，二是宋、遼邊境的兵力對比，三是宋朝對遼國的情報戰，以及遼國對大宋的反情報戰。

包公一行離開遼國那天，迎送他們的遼國大臣提出質疑：河北雄州（今河北省保定市雄縣）與遼國接壤，宋朝方面不遵守兩國和議，竟然在雄州城的北門旁邊開設小門，祕密接納遼國叛徒，並往遼國都城派駐間諜，多方打探遼國虛實，這件事做得很不妥當，希望包大人回去時和雄州官員說說，趕緊堵住小門，停派間諜，不然我大遼將與你們兵戎相見。[1]

面對質疑和威脅，包公反唇相譏：你們的話毫無根據，純屬誣衊。假如我們在雄州接納遼國叛徒，一定會光明正大打開正門，何必再開一個小門呢？如果我們開了小門，那也是為了便利我方百姓出入，怎能說是為刺探遼國的情報呢？據我所知，你們遼國在涿州也開了小門，難道是為了刺探宋朝的情報嗎？[2]

上述對話見於曾鞏《孝肅包公傳》，包公回去寫給宋仁宗的報告〈奉使契丹辯雄州便門事狀〉中也記載這件事。包公的應答很得體，但他否認的正是事實——宋朝一方確實從雄州派往遼國許多間諜。當然，遼國也往宋朝境內派了許多間諜。自從宋真宗與遼軍簽下「澶淵之盟」以後，宋、遼之間維持一百二十年和平，再也沒有發生過大規模的戰爭，但是暗地裡的情報戰卻從沒停止過。

按《宋史》記載，宋太祖趙匡胤之所以能迅速平定後蜀、南唐、北漢、吳越等割據政權，成功祕訣共有四點：一是善於用人，選的都是良將；二是敢於放權，將在外，君命有所不受，只要不屠城，不亂殺百姓，想怎麼打就怎麼打，決不遙控指揮；三是不怕花錢，將士有功，必給重賞，軍餉不夠，還允許部隊臨時徵稅；第四，「能養死士，使為間諜，洞知敵情，及其入侵，設伏掩擊，多致克捷。」培養了一批忠心耿耿的間諜，知己知彼，百戰百勝。

後來宋太宗北伐遼國，敗得很慘，回來聽取群臣獻計，大臣王禹偁說：您該像太祖學習「行間諜，離其黨」，多派間諜，多用反間計，讓契丹君臣不和，將帥不和，我們才有取勝機會。

宋真宗即位，又和遼國打仗，再次慘敗。真宗命群臣獻計，一位名叫賈昌朝的官員說：「募敢勇之士為爪牙，募死力為覘候。」必須培養一批視死如歸的勇士做我們的間諜。如若不然，敵人那邊什麼情況都不知道，一出戰就手忙腳亂，不知所措，怎麼能打勝仗呢？[3]

宋仁宗登基後，「問祖宗御戎之要」，向臣子請教當年宋太祖為什麼那麼能打。大臣張方平說：「那時候帶兵的將官既有權又有錢，恩威並用，把士兵管理得服服貼貼，叫衝鋒就衝鋒，叫撤退就撤退，而且那時的間諜都很有才能，精明幹練，以一當十，所以宋兵的整體戰鬥力非常強大。」[4]

所以呢，想打勝仗並不難，對將軍放權，為士兵花錢，再加上一批優秀的間諜就可以。可是為什麼在宋太祖以後，北宋軍隊無論和西夏作戰，還是和遼國作戰，總是打敗仗呢？是因為宋太宗、宋真宗、宋仁宗這些皇帝不懂得上述道理嗎？不是，只是因為時局變了，後任皇帝不敢放權，很難再培養出合格的間諜。

眾所周知，宋太祖是武將出身，靠陰謀篡權才奪了皇位，一旦外患清除，皇位坐穩，就開始擔心其他武將和他一樣篡權奪位，於是晚年搞了一個「杯酒釋兵權」，削奪大將的權力，提高禁軍的地位。在他之後，幾乎每一任皇帝都不敢讓武將的權力坐大，每一任皇帝都把前線指揮官牽制得綁手綁腳的。對皇帝來講，打幾場敗仗並不可怕，寶座被別人搶走才可怕，有外患無妨，只要沒有內憂就行了，所以他們絕對不敢像剛立國的時候那樣對將軍放權。

北宋初年的間諜大部分歸武將指揮，少數對皇帝直接負責，效率很高，機密性很強；宋太祖晚年改讓文官指揮軍隊，又故意將指揮權搞得非常複雜，一支部隊有很多人共同指揮，還輪流替換，將不知兵，兵不知將，間諜不知道誰是自己的長官，蒐集到情報以後，一層一層往上轉，效率既低，又容易洩密，完全失去間諜的意義。愈到後來，宋朝的間諜愈不像間諜。

包公也曾經負責過間諜工作，當時他擔任河北都轉運使，相當於常務省長兼財政廳長，同時兼管「沿邊州軍探候事宜」，凡和遼國接壤的州縣，他都派有間諜。這些間諜刺探到的情報，必須統一彙報給包公，再由包公轉交給朝廷。包公發現他派的間諜徒具虛名：

第一，「不得慎密之人。」間諜不具備最基本的專業素質，保密性很差。

第二，「只是到得四榷場、幽、涿間，傳得民間常語或虛偽之事，便為事宜。」膽量很小，怕被敵人抓住，不敢深入敵境，只敢在兩國邊境的交易市場上打聽傳言，將傳言當成情報。

第三，間諜層級太多，小嘍囉上面有小頭目，小頭目上面有大頭目，大頭目則「惟務邀功冒名，且從而聲張之。」為了申請朝廷的獎賞，竟然將名單和情報彙編成冊奏報上去，導致間諜網路被遼國掌握，「累次全家捉過漢人去，界上多添巡邏驗認，於今全不能深入。」不但情報站被破獲，連間諜的家屬都被人家抓走了，後來遼國邊境到處都是巡邏隊，想再派間諜過去很難很難。

最後包公極不客氣地對大宋的間諜工作做了總評：「徒廢金幣，無益於事。」除了讓朝廷花冤枉錢，沒有一點用處。

包公說間諜沒有用，並不是說不應該派間諜，而是說應該對間諜組織進行改革。怎麼改革呢？他提出兩點意見：

第一，朝廷要下放權力，讓身在前線的文官武將直接指揮間諜，直接利用情報，不要再把情報層層上報，等候朝廷指示。

第二，專門設置一個中央情報機關，針對間諜進行專業化管理。

包公還替這個類似於美國中情局（Central Intelligence Agency，簡稱CIA）的中央情報機關取名字，叫做「機宜司」。事實上，宋太宗時就設置過機宜司，後來宋真宗和契丹議和，把機宜司改成「國信所」，負責迎送遼國使臣，好好的一個情報機關，變成沒有任何機密的國賓館。

可惜的是，包公的建議最終沒有被宋仁宗採納。為什麼呢？因為這樣一來，武將的實際權力又會大大增加，萬一有人造反，朝廷難以控制。

不管怎麼說，包公始終是一位非常能幹的官員：既擅長問案，又擅長理財，甚至還擅長間諜戰。他有些護短，偶爾徇私，有時還剛愎自用，疑神弄鬼，在性格上有很多缺點；同時又忠於朝廷，愛護百姓，思維縝密，雷厲風行，所以皇帝喜歡他，人民擁戴他。

這就是包公，一個活生生的宋朝大臣，一個瑕不掩瑜的歷史名人。

注釋

1 原文為「雄州開東南便門，多納燕京左右奸細等人，詢問北朝事宜，隨事大小，各與錢物，此事甚不穩便，請說與雄州。」

2 原文為「此事的不足憑，設使雄州誘納奸細，自有正門出入，何必創開便門？若只是郡中創開門戶出入，此亦州郡常事，何關兩朝之事？豈嘗問涿州開門邪？」

3 原文為「敵之情狀與山川、道路險易之勢，絕不通曉，使蹈不測之淵，入萬死之地，肝腦塗地，狼狽相藉，何以破敵制勝耶？」

4 原文為「諸將財力豐而威令行，間諜精審，吏士用命，故能以十五萬人而獲百萬之用。」

肆

包公的親友與後代

八王爺趙德芳

看過包公戲的朋友肯定知道八王爺趙德芳，因為他的出場率極高，總是在包公遇到重大困難時出現，幫助包公排憂解難，抵擋來自皇帝和奸臣的壓力。他聰明正直，仁愛慈祥，是包公的重要靠山，是皇親國戚中的正面人物。他也特別有勢力，在不同的包公戲中，分別擁有免死金牌、尚方寶劍，以及上可打昏君、下可打佞臣的「打王簡」。

這個八王爺當然是虛構出來的。

宋朝皇族中確實有一個趙德芳，但他是宋太祖的第四個兒子，按照排行，只能是四王爺，不會是八王爺。

按《宋史》記載，太祖總共生了四個兒子，都是德字輩，分別叫做趙德秀、趙德林、趙德昭、趙德芳。其中趙德秀和趙德林都是幼年夭折，沒有長大成人。

趙德昭活到將近三十歲，本該被立為太子，成為宋朝第二任皇帝，但是他的叔叔宋太宗承繼大統，他當然成了新皇帝的眼中釘。宋太宗太平興國四年（九七九年），趙德昭跟隨太宗北伐遼國，戰事不利，軍隊被打散，與皇帝失去聯繫，軍中就有人密謀，再來一次黃袍加身，擁立他當皇帝，可惜沒有成功。

等到北伐失敗，大軍返回，趙德昭又向太宗提議：「陛下北伐前曾經承諾，打完仗會封賞眾位將軍，現在是您兌現承諾的時候了。」宋太宗勃然大怒，惡狠狠地說：「待汝自為之，未為晚也！」等你自己做了皇帝，再封賞眾將也不遲！趙德昭又驚又怒，竟然拔劍自刎。宋太宗馬上假惺惺地抱著屍體大哭：「痴兒何至於此邪？」你這個孩子怎能這樣傻呢？我無非說了一句氣話，你怎麼就自殺了呢？其實按照宋太宗的陰狠性格，即使趙德昭不自殺，最後也免不了被害。

太祖四子，兩個夭折，一個自殺，就只剩下趙德芳一個了。包公戲的八王爺趙德芳通常是以中老年形象出場，國字臉龐不怒自威，三綹長鬚飄灑胸前，而歷史上的趙德芳其實只活到二十多歲：宋太宗太平興國六年（九八一年），年僅二十三歲的趙德芳突然病逝。照常理推想，他很可能就是被宋太宗毒死的——只有將太祖所有的兒子都斬草除根，一個不留，宋太宗的寶座才坐得安穩。

據《宋史．宗室列傳．德芳傳》，趙德芳生前被授予「同平章事」、「檢校太尉」等官銜，地位相當於宰相，但是卻沒有一絲一毫的實際權力。在他活著的時候，宋太宗制定一項非常嚴厲的「祖宗家法」：五服以內的皇族子弟必須居住在朝廷指定的府邸，不能隨意外出，不能結交大臣，不能參加科舉，不能領兵打仗，不能參與朝廷政務。所以，即使趙德芳一直活到宋仁宗即位，他也不可能擁有實權，不可能對朝中大事發表意見，不可能擁有上打昏君、下打佞臣的「打王簡」。他想做包公的靠山，幫助包公審問冤案，門兒都沒有。

宋太宗定下的祖宗家法既是對太祖子孫的防範，也是對自己子孫的防範。他自己就是靠陰謀篡權和剷除異己得到的皇位（傳聞他的哥哥宋太祖就是被他用玉斧劈死的），不希望同樣的悲劇在後代子孫身上重演，而嚴禁皇族子弟參與政務和軍事，正是防範悲劇重演的必要手段。

事實上，宋太宗的祖宗家法被執行得非常好。兩宋三百年，只有太宗自己曾經以非太子身分執掌軍政大權，此後的皇族子弟除非被立為太子，否則不許擔任開封府尹，不許擔任軍事統帥，也不許入朝拜相、統率百官。我們可以屈指算一算，宋朝皇族中只有康王趙構（也就是後來的宋高宗）在危難之際做了兵馬大元帥，還有一個名叫趙汝愚的皇族被宋寧宗任命為宰相。趙汝愚拜相才半年，就有人將「國朝無宗室宰相」的祖宗家法背給皇帝聽，結果趙汝愚馬上被撤了職。

北宋末年，曾經有一位名叫趙不尤的皇族子弟起兵勤王，他英勇善戰，力大無窮，能開三石弓，能使八十斤重的鑌鐵槍，並且有軍事指揮才能，屢次擊退金兵的進攻。可是正因為他是皇族，違背皇族子弟不能帶兵的家法，很快被削奪兵權。與趙不尤同時起兵勤王的皇族子弟還有一位趙不群，用兵有方，宋高宗稱帝後，卻打發他去當文官，以免他在戰爭中得到擁護，篡奪皇位。

我舉這麼多例子，無非是想再次說明，哪怕宋朝真的有一個八王爺，也只能躲在王府飽食終日、混吃等死，而沒有機會上打昏君，下打佞臣，與開封府尹包公有密切來往。

順便補充一點，歷史上的趙德芳雖然英年早逝，但是卻留下後代：趙德芳有一個兒子叫趙惟憲，趙惟憲有一個兒子叫趙從郁，趙從郁有一個兒子叫趙世將，趙世將有一個兒子叫趙令儈，趙令儈有一個兒子叫趙子偁，趙子偁有一個兒子叫趙伯琮。宋高宗中年失去生育能力，沒有兒子承繼大統，這個趙伯琮被做為皇儲選入宮中，改名叫趙昚（昚為慎的異字），後來成了南宋第二任皇帝宋孝宗。

太師龐吉

包公戲裡的包公有一個很厲害的靠山，同時也有一個很厲害的對手，靠山是八王爺趙德芳，對手是宋仁宗的岳父龐吉。

龐吉是電視劇裡的人物，《三俠五義》中寫的是龐籍或龐吉（各家版本不同），元雜劇《智賺生金閣》中寫的則是龐勣。

《智賺生金閣》第一折，龐勣登場，先有一大段念白：

花花太歲為第一，浪子喪門世無對，聞著名兒腦也疼，只我有權有勢龐衙內。小官姓龐名勣，官封衙內之職。我是權豪勢要之家，累代簪纓之子。我嫌官小不做，馬瘦不騎，打死人不償命。若打死一個人，如同捏殺個蒼蠅相似。

龐勣說他官封「衙內」，此衙內在元朝指的並非官員的兒子，而是老百姓對高官的統稱。龐勣身為衙內，與包公同朝為官，按照包公的唱詞：「更和俺包龍圖一家一計。」說明他和包公的私交還不錯。但他仗勢欺人，搶奪民財，強占民婦，殺害無辜平民，最後被包公砍了腦袋。

到了《三俠五義》當中，龐勣改名龐籍，衙內成了太師，強占民婦的人也從他本人變成了他兒子龐昱。臺劇《包青天》的劇情基本上和《三俠五義》一樣，只不過又將龐籍的名字改成了龐吉。

龐籍在包公戲裡是奸臣，在歷史上卻是一個名聲非常好的忠臣。《宋史》特別幫他立傳，他比包公大十一歲，是包公的前輩，也是包公一向尊重的老長官。此人歷任黃州司理參軍、開封府法曹、大理寺丞、判大理寺等職，分別相當於今天地方法院的審判庭長、最高法院的審判庭長、最高法院大法官、最高法院院長。透過這些官職就能看出，他一定像包公一樣擅長斷案。

宋仁宗寶元元年（一〇三八年），包公做官之後的第二年，龐籍已經做到陝西安撫使，相當於軍區司令。在陝西軍區，龐籍的主要職責是防範西夏軍隊，他帶兵十萬人，重新修築邊境堡壘，收復被西夏占據的所有失地，可見軍事才能也非常卓越。明代包公戲將包公與狄青並稱，說包公是文曲星下凡，狄青是武曲星下凡，其實狄青就是龐籍的部將，如果沒有龐籍的不斷提拔，狄青不可能從一名小卒成長為國家棟梁。

包公晚年做樞密副使，那是他一生中做過的最高職位，而龐籍因為對西夏作戰立下大功，也做過樞密副使，並且很快升任樞密使，即國防部長。

包公晚年多次向仁宗上書，勸說仁宗從皇族子弟中選一個養子。而早在包公上書之前，龐籍就給仁宗寫過密摺，請求仁宗早選養子以定皇儲。

包公戲中的龐籍是皇帝岳父，讓女兒龐娘娘出面干涉包公辦案。歷史上的龐籍不但不是仁宗的岳父，還極力反對後宮干預政務：有一個姓尚的娘娘命太監去開封府傳口諭，說要免除商販在京城市集上的租金，時任開封府判官的龐籍斷然拒絕，並建議仁宗皇帝懲處尚娘娘。

包公戲中的龐籍被封為太師，歷史上的龐籍則以太保的身分退休。太保和太師都是宋朝大臣的榮耀頭銜，與太傅並稱「三公」，級別都屬於正一品。

龐籍為官多年，喜歡提拔青年才俊，例如司馬光就是他提拔上來的。按宋朝制度，新科進士需要三名以上在職官員的舉薦，才可以參加公務員選拔考試，龐籍認為司馬光年少有才，前途遠大，所以幫司馬光寫了一份推薦書。後來龐籍先後去山東、山西做地方官，一直將司馬光調到身邊，當作最親信的幕僚。龐籍晚年出版自己的文集，司馬光為他寫序。

包公與司馬光不同，他和龐籍並沒有很深的交情，但是他卻與龐籍的兒子龐元英交情深厚。龐元英在《文昌雜錄》中還寫過包公的一則軼事：宋朝春節、冬至與清明節各放七天假，包公擔任財政部長時，感覺假期太長，耽誤工作，請仁宗下令縮短假期，將七天假期改成五天。[1]

注釋

1 原文為「冬至假七日，前後各三日，宰相宅引百司釐務。初，包拯為三司使，上言：『每節假七日，廢事頗多。』請今後只給假五日，自此始也。」

國舅趙國棟

《包青天》之〈狸貓換太子〉一案，八王爺趙德芳做了一件阻撓包公辦案的錯事：維護國舅趙國棟。

劇情是這樣的：宋仁宗的親生母親李娘娘流落民間，與義女梅娘相依為命，梅娘長得如花似玉，被八王爺趙德芳的舅舅趙國棟擄到了府中，後來東窗事發，包公要鍘趙國棟，八王爺百般求情無果，為給舅舅報仇，慫恿仁宗皇帝罷了包公的官。

趙國棟在《三俠五義》中並沒有出現，他是《包青天》編劇加進去的一個人物。從劇情推進的需要來看，這個人物增加了〈狸貓換太子〉一案的複雜程度，增加了包公辦案的艱難險阻，將八王爺這個靠山變成了阻力，加得很好，很有必要。但是，不應該讓八王爺的舅舅姓趙。

諸位讀者可以想一想：八王爺的舅舅姓趙，八王爺的母親自然也姓趙，說明八王爺的父親娶了姓趙的女子為妻。大宋皇族本就姓趙，怎麼會和姓趙的結親呢？

至少從周朝開始，中國就有「同姓不婚」的規矩，因為「男女同姓，其生不蕃」。當時同姓者必然出身於同一個宗族，假如男方與女方同姓，基本上屬於近親結婚，會影響種族的繁衍，破壞後代的基因。

包公戲〈狸貓換太子〉中，宮中總管都堂郭槐和接生婆尤氏，用一隻剝去皮毛的狸貓換走了新生兒，再將孩子偷偷裝入籃子送走。

從唐朝開始，法律中就明確規定朝廷對同姓結婚的懲罰措施：「諸同姓為婚者，各徒二年。」比如說姓李的青年娶了姓李的姑娘，兩人都會被判處兩年徒刑。此後宋朝的《宋刑統》、明朝的《大明律》、清朝的《大清律》，都寫入類似的法律條文。

宋朝皇族婚嫁講究門當戶對，皇族子弟一定會娶文臣武將的女兒，公主與郡主們一定會嫁文臣武將的兒子。例如宋太祖與右前衛將軍賀景思、彰德軍節度使王饒、左衛上將軍宋偓是親家，宋太宗與保信軍節度使尹崇珂、後周大將符彥卿、羽林大將軍李處耘是親家。宋真宗先娶開國大將潘美的女兒，後娶虎捷都指揮使劉通的女兒。宋英宗的女兒嫁給開國大將王全斌的後代，宋仁宗的女兒嫁給吳越國王錢鏐的後代，宋神宗的女兒嫁給宰相韓琦的後代。我們可以查遍《宋史》中的〈宗室列傳〉與〈公主列傳〉，一定看不到任何一例與趙姓武將或趙姓大臣結親的現象。

最初同姓不婚確實有一定的科學依據，但是愈到後來，姓氏與血緣關係的連結愈鬆散。同樣姓李，有山東之李，有山西之李，有漢族之李，有朝鮮之李，有的世代姓李，有的賜姓為李，還有的甚至冒姓為李，不但五百年前不是一家，五千年前都未必是一家，根本談不到血緣關係，只要雙方你情我願，何必阻止人家結成連理呢？道理雖然如此，宋朝人畢竟還是延續同姓不婚的老傳統。所以趙國舅真的不應該姓趙。

說到同姓不婚，我們還必要補充一點：中國古人對遺傳學一知半解，只知道透過同姓不婚來避免同族之間的通婚，卻不知道避免表兄妹之間的通婚。

南宋晚期小說集《醉翁談錄》甲集第二卷中有這麼一則故事：紹興副市長張某，膝下一男一女，兒子名叫阿麟，女兒名叫瓊娘。十餘年後，兒女談婚論嫁，阿麟娶妻梁氏，瓊娘嫁給了一戶姓呂的人家。婚後不久，瓊娘和阿麟的媳婦梁氏都懷了身孕，瓊娘向梁氏提議道：「妳我現是熟親，情愛無間，若我二人生下男女，當再結姻親，益修前好。」咱們兩家現在是至親，關係好得不得了，假如我生的是兒子，妳生的是女兒，我們就要親上加親，讓兩個孩子成婚配對。梁氏聽了這個建議，連連稱好。

十月懷胎，一朝分娩，瓊娘果然生了一個兒子，取名星哥；梁氏果然生了一個女兒，取名織女。姑嫂二人每次會面，都會重新提到之前的盟約，一心要讓星哥和織女結成夫妻。星哥和織女漸漸長大，也互相有了思慕之心。

但是事與願違，梁氏的公公（也就是瓊娘的父親）張副市長趨炎附勢，結交權貴，非要把織女嫁給一個高官的兒子。織女與星哥共同商議後，決定私奔，於是雙雙逃到成都，在四川結成夫妻。

在這個故事裡，織女與星哥是姑表兄妹，兩人的婚姻關係屬於典型的近親結婚。近親結婚不符合優生學的原理，所以被現代婚姻法所禁止。但是宋朝人還沒有認識到近親結婚的危害，姑嫂之間和姐妹之間往往熱衷於親上加親，於是表哥娶表妹就成了司空見慣的現象。

眾所周知，陸游的第一任妻子名叫唐婉，她是陸游的舅舅唐仲駿的女兒，也是陸游的媽媽唐氏的侄女。陸游娶唐婉，是表哥娶表妹的典型。

宋朝皇族中也有表親結婚的事例。

大家還記得〈狸貓換太子〉前半部分的劇情吧？宋真宗有劉、李二妃，同時懷孕，約定誰生下兒子誰就是正宮。劉妃陰險毒辣，用剝了皮的狸貓換走了李妃剛剛生下的兒子，也就後來的皇帝宋仁宗。這段劇情當然是藝術創作的結果，不過在歷史上，宋仁宗確實是一個姓李的低階嬪妃所生，被劉皇后強行抱走了。在劉皇后的淫威下，所有人都不敢將實情說出來，直到劉皇后去世，仁宗才知道他的生母原來姓李，但是為時已晚，李娘娘早已病逝很多年了。

仁宗痛哭失聲，找到母親的弟弟李用和，發誓要將母親沒有來得及享的福全部賞賜到舅舅身上。他將舅舅提拔為彰信軍節度使兼檢校侍中，級別相當於宰相，又不斷賞賜大量的錢財。李用和本為一介平民，突然之間位極人臣，富甲一方，就這樣仁宗仍然覺得對舅舅不夠好，又將自己的妹妹福康公主嫁給了舅舅的兒子李瑋。你看，李瑋與福康公主不就是表兄妹的關係嗎？

包公戲中的狀元郎

說完了八王爺、龐太師、趙國舅，我們接著探討包公戲中的幾位狀元。

大家耳熟能詳的《鍘美案》中就有一個狀元，也就是見利忘義、拋妻棄子、殺人滅口、暗害髮妻，最後被包公鍘掉腦袋的當朝駙馬陳世美（請參見第九頁彩圖）。

做為包公戲中的反面形象，陳世美被塑造得非常成功，但他沒有歷史原型，至少在宋朝沒有。兩宋三百年，中過狀元的陳姓人士共有五位，分別是宋太宗端拱二年（九八九年）中狀元的陳堯叟、宋真宗咸平三年（一〇〇〇年）中狀元的陳堯諮、宋高宗紹興十二年（一一四二年）中狀元的陳誠之、宋孝宗紹熙四年（一一九三年）中狀元的陳亮、宋度宗咸淳四年（一二六八年）中狀元的陳文龍，沒有陳世美這個名字。接著再查元、明、清三代以及西夏和遼國的狀元名錄，陳姓狀元共有十人，也沒有陳世美這個名字。

在傳統戲曲中，狀元（請參見第十頁彩圖）與駙馬似乎可以畫上等號，一位青年書生中了狀元，假如尚未婚娶，極有可能成為皇帝的乘龍快婿。但在現實中，狀元並沒有神氣到那個地步。從唐朝初年算起，到清朝末年結束，總共產生

在《鍘美案》中，公主和太后趕至開封府阻擋包公殺陳世美，包公拿下烏紗帽，表明即使賠上官位也要辦陳世美。

五百九十二名狀元（不包括太平天國），做了駙馬的只有一位鄭顥，他是唐朝的狀元，被唐代宗選為駙馬。

再查《宋史．公主列傳》，從宋太祖的妹妹到宋理宗的女兒，總共八十六名公主（請參見第十頁彩圖），或者嫁給功臣的後代，或者嫁給宰相的子侄，或者走表兄妹通婚的老路，嫁給太后或者太皇太后的娘家人，沒有人嫁給狀元，也沒有一個駙馬姓陳。

宋朝皇帝選駙馬似乎很慎重，品行像陳世美那麼壞的駙馬一個都沒有。只有宋英宗第二個女兒魏國公主比較倒楣，下嫁開國大將王全斌的後代王詵。王詵風度翩翩，能詩善畫，與蘇東坡是生死之交，可惜好色貪淫，生活糜爛，不但違令納妾（駙馬不許納妾），而且當著公主的面與侍女通姦。魏國公主不好意思向皇帝說這些醜事，整天以淚洗面，不到三十歲就氣死了。這位王詵駙馬確實很壞，但也沒有壞到陳世美那個地步。

除了陳世美，包公戲中還有一個狀元周勤。《包青天》之〈真假狀元〉上演過他的故事：周勤中了狀元，卻被與他同名同姓的結義兄弟冒名頂替，被迫流落街頭，淪為乞丐，最後包公查出實情，假狀元自盡，真狀元最後過著幸福快樂的日子。就像陳世美一樣，周勤當然也是虛構出來的人物，宋朝乃至其他朝代的狀元名錄裡都沒有他。

前些年中國拍的電視劇《少年包青天》，差一點將包公本人變成狀元：少年包公進京趕考，遭人暗算，試卷寫得花團錦簇，中狀元十拿九穩，但是不知道為什麼，卷子上的字跡莫名其妙消失不見。

包公戲曲和早期的詞話唱本更進一步，真的讓包公中了狀元。例如明朝成化年間詞話《包待制出身傳》就讓包公狀元及第，欽點為定遠縣知縣。

歷史上包公並沒有中狀元，他是宋仁宗天聖五年（一〇二七年）中的進士，那一科狀元是王堯臣，榜眼是韓琦，探花是趙概，包公的成績至少在前三名以後。

平心而論，包公能考中進士，已經相當了不起。宋朝大臣上官均在奏章〈上哲宗乞清入仕之源〉中分析過：從地方科考到中央科考，從州試、省試再到殿試，十幾萬名考生參加考試（請參見第十頁彩圖），一層一層篩選下去，最終考中進士的只有二、三百名而已。[1]錄取率如此之低，考生們除了要拚成績，更要拚運氣，包公能中進士，說明他的成績和運氣都非常好。

考生們如果在同一年考中進士，彼此會互稱「同年」。包公的同年有不少都是歷史名人，包括韓琦、趙概、吳奎、王堯臣，以及文彥博。韓琦後來當了宰相，趙概後來做了副宰相，吳奎先做樞密副使，又做參知政事，也是副宰相。王堯臣也是先樞密副使，後參知政事，在副宰相的職位上病逝。文彥博更加了不起，活了九十多歲，歷任仁宗、英宗、神宗、哲宗四朝，出將入相五十年，不但做過宰相，而且做過比宰相地位更高的「平章軍國重事」，是北宋時期最有名的元老級重臣。

注釋

1 原文為「今科舉之士雖以文章為業，而所習皆治民之說，選於十數萬之中而取其三二百，使之治民，理或可也。」

同年好友結親家

文彥博的父親名叫文洎，是個小官，曾經和包公的父親包令儀做同事，所以文彥博很早就認識包公。文彥博詩集中有一首〈寄友包兼濟拯〉（「兼濟」可能是包公早年的別號）：

締交何止號如龍，發篋疇年絳帳同。
方領聚遊多雅致，幅巾嘉論有清風。
名高闕里二三子，學繼臺城百六公。
別後愈知鯤氣大，可能持久在江東。

大意是說包公和文彥博在少年時一起談文論道，談天說地，那時候文彥博就很佩服包公，認為包公能像鯤鵬一樣展翅高飛、鵬程萬里。

包公比文彥博大七歲，但是他為了侍奉父母，回鄉閒居十年，方才出來做官，所以他在仕途上比文彥博落後。宋仁宗慶曆七年（一〇四七年），文彥博升任樞密副使、參知政事，進入國家權力中樞，包公還在地方上做轉運使。宋仁宗嘉祐六年（一〇六一年），包公升任樞密副使，爬上仕途的最高峰時，文彥博早就成了宰相。

文彥博二十多歲中進士，四十多歲做宰相，仕途順利，風光無限。有人認為他的成功不全是靠才能，還涉及裙帶關係。宋仁宗皇祐三年（一〇五一年），陸游的外祖父唐介向文彥博發難，說他早年做地方官時，賄賂宋仁宗最寵愛的嬪妃張娘娘，透過張娘娘在仁宗身旁慫恿，才升官升得那麼快。

外臣結交後宮，對皇帝來說是非常忌諱的醜聞，宋仁宗讀了唐介的奏章，龍顏震怒，隨即免去文彥博的宰相，同時將公開揭露這一醜聞的唐介趕出朝廷，貶到廣東當小官。

做為文彥博的同年兼好友，包公出面打抱不平，寫了一份為文彥博叫屈的奏章。宋仁宗餘怒未消，在奏章上批覆道：「介昨言奎、拯皆陰結文彥博，今觀此奏，則非誣也。」唐介以前對我說過，吳奎與包拯都是文彥博的死黨，今天看到包拯維護文彥博的奏章，看來唐介並沒有誣衊他們。

前文說過，吳奎也是包公的同年，與包公的交情也很深厚。包公死後，有人向包公的夫人毛遂自薦，要為包公寫墓誌銘。包夫人說：「已委吳奎矣。」謝謝您的好意，我已經託付吳奎吳大人了。那人走後，包夫人又對家人說：「彼之文不足罔公而惑後世，不如卻之之愈也。」這個人不了解包公，如果讓他亂寫一氣，會敗壞包公的名聲，不如交給吳奎去寫。由此可見，吳奎對包公是很了解的。現在我們能看到的記載包公生平最為翔實可靠的史料是〈孝肅包公墓誌銘〉，它的作者正是吳奎。

曾經做過包公下屬的王安石說：「同官同齒復同科，朋友婚姻分最多。」同年進士同朝為官，彼此之間私交很好，最後往往結成親家。包公沒有和吳奎結親，但是他的兒子卻娶了文彥博的女兒。

包公生了兩個兒子，大兒子娶妻崔氏，婚後不久就病死了；二兒子包綬在包公六十歲時才出生，先娶包公的門生張田的女兒，又娶包公的同年文彥博的女兒。包綬出生太晚，他成家之時，包公早就去世了，但是由於包公在世時與張田和文彥博交情深厚，所以兩位高官先後將女兒嫁給包綬。

同年好友變成親家，在宋朝比較常見。例如王安石將女兒嫁給同年吳充的兒子，黃庭堅的兒子娶同年石諒的女兒。蘇轍的叔父蘇煥與同年蒲師道交好，兒子蘇不欺娶蒲師道之女。蘇東坡和歐陽修結為忘年交，他的兒子蘇迨娶歐陽修的孫女。陸游的老師曾幾與詩人呂本中是同年進士，所以呂本中親自作媒，讓自己的侄子娶曾幾的女兒。

包公也講究門當戶對

現在讓我們回過頭來，再看一眼陳世美的故事：陳世美中進士，當了大官，娶了公主，拋棄結髮妻子秦香蓮和一雙兒女。秦香蓮進京找他，他不認，還派出刺客殺人滅口。幸虧秦香蓮命大，逃出虎口到開封府告狀，向包公訴說了冤屈。故事的結局大快人心，陳世美惡有惡報，被包公一刀鍘掉腦袋。

我們可以用很多詞來形容陳世美：渣男、薄倖、冷血、殘忍、負心漢、忘恩負義、喜新厭舊、心狠手辣、欺君罔上、死了活該，同時，我們也可以從很多角度來解讀這個故事。

從陳世美的結局來看，這個故事是對世間廣大負心漢的警醒；站在公主和秦香蓮的角度上，這個故事則提醒大家，訂親之前一定要擦亮眼睛，一定要看清對方的品格，不要被相貌、才華和社會地位蒙蔽雙眼；而如果讓包公自己來總結，這其實是一個告訴大家幸福婚姻一定要門當戶對的故事。

在京劇《鍘美案》中，包公對秦香蓮有這麼一段唱詞：

三百兩紋銀交與妳，回均州路上做盤纏。
吃一半來留一半，留下一半種莊田。
教育兒女把書念，只念書千萬別做官。
妳丈夫如不把官做，妳居家怎能不團圓？

包公認為陳世美之所以拋棄秦香蓮，是因為他的地位提高了，和秦香蓮門不當戶不對，假如他沒中狀元，仍然是個窮書生，他和秦香蓮將會過著幸福快樂的日子，團團圓圓，白頭偕老。；戲曲只是虛構，不是歷史。歷史上包公的婚姻觀是什麼樣子呢？其實同樣看重門當戶對在婚姻當中的重要性。

宋仁宗皇祐三年（一〇五一年），開封富商李綬與皇族趙承俊結成兒女親家，一方有錢，一方有勢，似乎算得上門當戶對。但是在宋朝，商人地位偏低，故此包公認為這宗婚事「有損國體」，請仁宗皇帝「罷其婚媾，別選德閥」（《孝肅包公奏議・論李綬冒認國親事》），將這門婚事強行取消，另外挑選門當戶對的對象。我們不知道李綬與趙承俊的兒女之間是否正在戀愛，如果雙方已經建立戀愛關係，那麼包公就成了法海，活活拆散一對鴛鴦，人家會恨他一輩子。

千萬不要罵包公不懂愛情，因為他生活的世界一直是門當戶對的婚姻世界。包公的父親做過縣令，所以包公的髮妻董氏也是縣令的女兒。包公的次子包綬兩次娶妻，第一個岳父張田是包公的門生，做過「權發遣度支判官」，相當於財政部的副司長；第二個岳父文彥博是包公的同年，做過宰相；而包公則先後任三司使和樞密副使，相當於財政部長和國防部次長。次長的兒子娶副司長和宰相的女兒，基本上屬於門當戶對。

包公有兩個女兒，一個嫁給王向，另一個嫁給文效。王向和文效都是主簿，相當於縣級衙門的辦公室主任，屬於級別很低的文官。但是兩人學問極好，前程遠大，用包公妻子董氏墓誌銘中的話講，「皆士族佳器」，都是可以培養的優秀人才、組織認可的接班人。他們娶包公的女兒，仍然屬於門當戶對。

包公有一個名義上的孫子，名叫包永年，一生結過三次婚，先娶朝議大夫李庭玉的女兒，再娶鳳翔知府李公杭的女兒，晚年又娶吏部官員林邵的女兒，三個太太都是官宦小姐。包永年為什麼不娶富商的女兒呢？為什麼不從女明星當中選老婆呢？因為商人和伶人的地位太低，和他這位高官子孫相比，門不當戶不對。

拋開愛情這種受荷爾蒙與機率支配的主觀因素不談，門當戶對確實有很多好處。第一，可以保持並增進雙方家庭的資源；第二，可以避免任何一方及其父母受到另一方的歧視，進而引發大量的婚姻矛盾；第三，可以減輕任何一方及其父母的精神壓力——反正雙方的生活圈子、消費層次和精神境界都差不多，誰也用不著羨慕誰，誰也用不著追趕誰，誰也不用自卑、自怨、嫉妒、忿恨。

古代父母包辦婚姻，無視愛情，造成許多悲劇。現代年輕人將愛情看得太高，無視對方的家庭背景，也造成許多悲劇，譬如婆媳不和就是最典型的例證。當然，就算門當互對，婆媳也未必能和平共處（例如陸游母親唐氏與兒媳唐婉的不和），不過這樣的婆媳不和是機率很小的事件，在絕大多數的時候，門當戶對的婚姻雖然不一定幸福，但一定最容易磨合。

包公的後代子孫們

宋仁宗嘉祐三年（一〇五七年），包公上書，請宋仁宗盡快選立太子：「皇上年紀愈來愈大，東宮太子卻沒有人選，很不利於政權的接替和國家的安定。朝中大臣先後上書，請皇上早立太子，皇上卻置之不理，不知道這樣猶豫不決是為什麼？世間萬物皆有根本，太子就是天下的根本，根本不立，對朝局造成的危害實在太大了！」[1]

包公勸仁宗立太子的時候，仁宗已經四十八歲，之所以不立太子，是因為沒有親生兒子可以立。仁宗倒是生過三個兒子，都夭折了，但他不服氣，一定要再生一個，可惜天不遂人願，後來生的全是女兒。中國皇帝不像英國國王那樣允許女兒做繼承人，一個皇帝沒有兒子，只能從皇族子弟中挑選一個立為皇儲，但是這種結局是宋仁宗最不想見到的。您想啊，皇族子弟再親，也沒有親生兒子親！無論是誰勸皇帝立別人的兒子做太子，都會惹皇帝不開心。南宋第一個皇帝宋高宗也沒有兒子，當岳飛勸他立太子時，他也氣得說不出話，認為岳飛有異心，又覺得自尊心受到莫大傷害：難道你拿寡人當太監嗎？難道你認為寡人一定生不出兒子嗎？呸！

據《東都事略．包拯傳》記載，包公勸仁宗立太子，仁宗回了一句讓所有臣子都膽顫心驚的話：「卿欲誰立？」愛卿想立誰？這句話的弦外之音是：你勸我立太子，是為了替自己積累政治資本，是盼著我早死，以便得到新皇帝的寵信。

包公當然理解仁宗的意思，他不慌不忙解釋道：「微臣請陛下早定皇儲，是為了你們趙家的江山傳承有序，陛下不應該認為我有私心。我馬上就要六十歲了，前一個兒子死得早，至今再沒有生養兒子，估計今生今世都不會再有兒子了，我積累政治資本又有什麼用呢？」[2]聽了包公的解釋，仁宗轉怒為喜，說：「當徐議之。」愛卿的提議很好，且容寡人慢慢考慮。

又據《續資治通鑑長編》第一百九十五卷記載，在包公上書五年以後，仁宗仍然沒有立嗣。包公的同年韓琦再次上書催促，仁宗說：「後宮一二將就館。」後宮有兩個嬪妃馬上就要生了，說不定會給寡人生一個太子呢！結果，生的還是女兒。此時仁宗病入膏肓，離駕崩不遠，徹底死了再生兒子的心，才從皇族子弟中選了一個侄子做太子，他就是後來的宋英宗。

包公與仁宗其實同病相憐：仁宗為了讓親生兒子繼承大位，拚了老命也想生一個兒子；包公為了讓親生兒子繼承香火，將近六十歲時居然又開始納妾。俗話說得好：「不孝有三，無後為大。」中國古人渴望生一個兒子繼承香火的迫切心情，我們現代人是難以理解的。

包公的運氣真是不錯，他的小妾終於為他生下一個兒子。本書在第一章曾經談到，包公這個小兒子名叫包綬，是由包公的長媳崔氏撫養長大的。

包綬五歲那年，包公去世了，宋仁宗親自去祭奠，授予包綬「將仕郎」的官銜，相當於九品官。然後包公歸葬故里，包綬跟著姐姐、姐夫和寡嫂崔氏扶柩還鄉，在合肥守孝三年。守孝期滿，宋仁宗又授予他「承奉郎」的官銜，相當於八品官。當然，這些都是虛銜，僅用來表明社會地位與平民百姓不同，並沒有俸祿和職權。做為一個還不到十歲的孩子，他也不應該有職權。

包綬很可能沒有參加過科舉考試，或者雖然參加了，但是沒有考中。按照宋朝官制，高官的子孫到了一定年齡以後，即使不是進士，也能做一個小官。包綬大約二十歲那年進入官場，到濠州（今安徽鳳陽）擔任團練判官，負責招募與訓練民兵。

按照〈包綬墓誌銘〉中的記載：包綬雖然是小官，卻不屈從上司的意志，上司犯了錯，他會當面指出來。並且他廉潔奉公，愛護百姓，在任上做了不少對人民有益的工作。假如墓誌銘沒有過譽的話，包綬完全繼承包公的兩大優點：既剛直，又廉潔。[3]

包綬生了四個兒子，分別取名為包康年、包耆年、包彭年、包景年。另外還有三個女兒，其中大女兒和小女兒不幸夭折，只有二女兒長大成人，嫁給了一個提刑（主管各路的司法、刑獄和監察）的兒子。

包公兄弟三人，兩個哥哥早逝，都沒有留下後代，但他還有堂兄弟。某個堂兄弟的孫子名叫包永年，被包綬過繼給寡嫂崔氏做義子。〈包永年墓誌銘〉裡說：「祖諱拯，父諱繶。」爺爺是包公，爸爸是包繶。其實包永年既不是包繶的親兒子，也不是包公的親孫子，只是從族中過繼的螟蛉之子。

但是包永年與包公的真正後代之間卻有非常深厚的感情。包永年的年齡比包綬四個兒子大很多，他像對待親弟弟一樣精心照管包康年、包耆年、包彭年、包景年的學業，教他們寫字、做文章，將他們送到最好的官學就讀。包康年和包彭年還沒有成家就死了，包永年親自為兩個兄弟操辦喪葬。後來包永年去世，又輪到包耆年和包景年這兩個小弟弟為他操辦喪葬。他們不是親兄弟，但是勝似親兄弟。

鑑於包永年並非包公的真正後代，包康年與包彭年未娶而喪，只有包耆年、包景年留下子嗣。所以，當您在大街上碰到一位包公後人的時候，您可以上前告訴他，他的祖上要麼是包耆年，要麼是包景年。

注釋

1 原文為「東宮虛位日久，天下之心憂危至切，雖前後臣僚論列者多矣，卒不聞有所處置，未審聖意持久不決者何也？夫萬物皆有根本，而太子天下之根本也，根本不立，禍孰大焉！」

2 原文為「臣乞陛下豫建太子者，為宗廟萬世計耳，陛下問臣誰立，是疑臣也。臣行年六十且無子，非徼後福者。」

3 原文為「公下車奉公守法，倬有盛譽，守愛重之，遂不以勢位自居，凡議事必諮公而後決。事有不可行，公則毅然面折，不苟從。其有補於郡事，不可一二數。秩滿解官，人稱廉潔，思惠愛，異口一辭。」

附錄一　包公世系圖

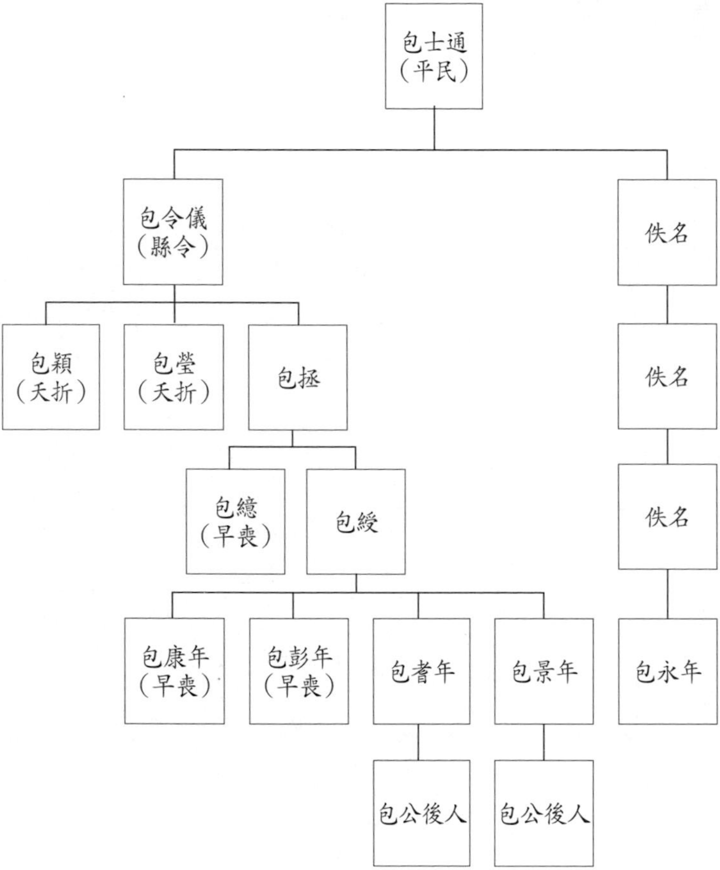
包士通
（平民）
包令儀
（縣令）
佚名
包穎
（夭折）
包瑩
（夭折）
包拯
佚名
包繶
（早喪）
包綬
佚名
包康年
（早喪）
包彭年
（早喪）
包耆年
包景年
包永年
包公後人
包公後人

附錄二　包公年表

時間	年齡	事蹟
宋真宗咸平二年（九九九年）	一歲	二月出生於安徽合肥。
大中祥符五年（一〇一二年）	十四歲	父親包令儀做官，任福建惠安知縣，隨父上任，在後衙讀書。
宋仁宗天聖四年（一〇二六年）	二十八歲	去開封參加科考。
天聖五年（一〇二七年）	二十九歲	考中進士。本科共錄取進士三七七名，按成績分為六等，包公排第一等。 隨後參加公務員選拔考試，順利過關，授大理評事之銜。 因為父母年邁，不願做官，回鄉侍奉雙親。
景祐四年（一〇三七年）	三十九歲	閒居十年後復出，任揚州府天長縣知縣，查辦「盜割牛舌案」。
寶元元年（一〇三八年）	四十歲	任揚州府天長縣知縣。
寶元二年（一〇三九年）	四十一歲	仍任揚州府天長縣知縣。
康定元年（一〇四〇年）	四十二歲	廣東端州任知州。

時間	年齡	事蹟
慶曆元年（一〇四一年）	四十三歲	任端州知州。
慶曆二年（一〇四二年）	四十四歲	從端州離任，居官清廉，不帶走一方硯臺。
慶曆三年（一〇四三年）	四十五歲	入京為官，先掌管京東排岸司，疏通蔡河。 改任監察御史裏行，即見習監察官。
慶曆四年（一〇四四年）	四十六歲	由見習監察官轉監察御史，彈劾張若谷、張可久、韋貴等貪賄官員。 請求減輕陳州百姓田賦負擔。
慶曆五年（一〇四五年）	四十七歲	仍任監察御史，上書〈論日食〉。 八月奉旨出使遼國，臘月方至遼國首都，為遼國皇帝及皇太后拜賀新年。在遼國賓館「神水館」告誡隨從，見到鬼怪不要聲張。
慶曆六年（一〇四六年）	四十八歲	春天從遼國返回開封，彙報出使情形，建議加強對遼國的情報戰。 本年六月出任京東轉運使，成為地方財政官員。
慶曆七年（一〇四七年）	四十九歲	改任陝西轉運使，在華陰縣祭拜神仙。

時間	年齡	事蹟
慶曆八年（一〇四八年）	五十歲	調任河北轉運使，隨後升任三司戶部副使，成為中央財政官員。
皇祐元年（一〇四九年）	五十一歲	奉旨巡視河北財政與軍政，建議仁宗改變政策，廢除占用民田飼養戰馬。 奉旨考察陝西鹽法，建議朝廷在陝西境內實行官商互補的食鹽專賣方案。
皇祐二年（一〇五〇年）	五十二歲	升任「知諫院」，成為監察院長，查辦「冒認皇子案」，建議仁宗精心挑選財政官員。
皇祐三年（一〇五一年）	五十三歲	仍任監察院長，彈劾宋庠、張堯佐、李淑、李昭亮等大臣。 長子包繶成婚，娶崔氏女為妻。
皇祐四年（一〇五二年）	五十四歲	加銜「龍圖閣直學士」，出任河北都轉運使，又改任高陽關路都部署兼安撫使，掌管河北軍政、民政、財政大權。
皇祐五年（一〇五三年）	五十五歲	長子包繶病故，悲痛萬分，請求回合肥養老，遂任廬州知府。
至和元年（一〇五四年）	五十六歲	仍任廬州知府。 堂舅在廬州橫行不法，受到嚴懲。

時間	年齡	事蹟
至和二年（一〇五五年）	五十七歲	因為保舉官員不當，從廬州知府降為池州知州。
嘉祐元年（一〇五六年）	五十八歲	從池州知州升任江寧知府。 臘月進京，改任開封府尹。
嘉祐二年（一〇五七年）	五十九歲	在開封府任上，查辦「章惇通姦案」、「欠錢不還案」、「醉酒失金案」。 納妾孫氏。
嘉祐三年（一〇五八年）	六十歲	六月改任御史中丞，上書仁宗請立太子，並縮短春節、冬至與清明節假期。 次子包綬出生。
嘉祐四年（一〇五九年）	六十一歲	仍任御史中丞，舉薦門生張田，彈劾三司使張方平及繼任三司使宋祁，隨後奉旨代理三司使。 遭士兵張玉辱罵，張玉被殺。
嘉祐五年（一〇六〇年）	六十二歲	仍代理三司使。
嘉祐六年（一〇六一年）	六十三歲	轉正式三司使，繼而升任樞密副使。
嘉祐七年（一〇六二年）	六十四歲	在樞密副使任上病逝，宋仁宗親自祭奠，罷朝一日，贈禮部尚書，諡孝肅。

附錄三　包公家族墓誌銘

包公家族墓葬群發現於一九七三年，雖然在考古專家正式發掘前，墓葬早已被盜賊破壞殆盡，但是其中包公夫婦合葬墓（請參見第十一頁彩圖）、包公長媳崔氏墓、次子包綬墓、次媳文氏墓，以及長孫包永年的墓裡，仍然保存著破壞程度不等的墓誌銘。今將這些墓誌銘加上標點，抄錄以饗讀者。（文中□代表嚴重破損、無法辨識的字跡。）

合肥包公墓的墓碑拓片。

包公墓誌銘

宋故樞密副使、朝散大夫、給事中、上輕車都尉、東海郡開國侯、食邑一千八百戶、食實封四百戶，賜紫金魚袋、贈禮部尚書、謚孝肅包公墓誌銘並序。

樞密副使、朝散大夫、左諫議大夫、騎都尉、濮陽縣開國子、食邑五百戶，賜紫金魚袋吳奎纂。

朝奉郎、尚書屯田員外郎、知國子監書學兼篆石經、同判登聞鼓院，上騎教尉、賜緋魚袋楊南仲書。

甥將仕郎、守溫州里安縣令文勛篆蓋。

宋有勁正之臣，曰「包公」。始以孝聞於州閭，及仕，從□□□□□□□□□立於時，無所屈。□舉有明效，其聲烈表爆天下人之耳目，雖外夷亦服其重名。朝廷士大夫達於遠方學者，皆不以其官稱，呼之為「公」。□□□□□□□□□其縣邑公卿忠黨之士，哭之盡哀。京師吏民，莫不感傷，嘆息之聲，聞於衢路，□相屬也。公諱拯，字希仁，廬州合肥人。天聖五年進士甲科，初命大理評事，知建昌縣。時皇考刑部侍郎家居，皇妣亦高年，樂處鄉里，不欲遠去，公懇辭為邑，得監和州稅。和鄰合肥，皇考妣猶不樂行，遣公之官。公□□□□□□□□□□□□□□□□□□□□□□終養。積數年，皇考妣繼以者終，公居喪毀瘠甚，廬墓終制。□服除，又二年，方調知揚州天長縣。□□□□□□□□□□□□□□□□□□□□□□□□□□□□□割牛舌，盜即款伏，進丞大理代。還知端州，州歲貢硯，前守率數十倍取之，以其餘□□□□□□□□□□□□□□□□□□□□□□□東排岸司。裁數月，御史中丞王公拱辰援唐制，監察御史裏行。遂拜公監□□□□□□□□□□□□□□□□□□□□□□□□□□□□□□當選將練兵。國任宰相，繫時安危，當取天□□議凡十數事，時邊郡有□□□□□□□□□□□□□□□□□□□□□□□□□□深然□□□□□□□□□□河北、河東所籍民兵，以戶上下，故多隱□。如約李抱真之法，以丁□□□□□□□□□□□□□□□□□□□□□□□□□□□□□□□□□□□□□治□矣。選使契丹國。虜中神水館之□舍，傳有凶怪，人莫敢居，前此數日有三騶入其間，□□

□□□□□□□□□□□□□□□□□□□□□□□□□□□□□□□□為京東路轉
運使。未幾，改工部員外郎、直集賢院、陝府西路轉運使。詔許朝覲，既辭。
□□□□□□□□□□□□□□□□□□□□□□□□□□□□□□□包拯任陝西，當得
金紫。亟令齎賜，行次華陰受服焉。徙河北路，未行。擢為戶部副使。嘗奏事。上
□□□□□□□□□□□□□□□□□□□□□□□□□□□□□持政之仁暴，惟在薄賦
斂，寬力役，救災患，慎行三者，則衣食滋殖，黎庶蓄息矣。上深然之。皇祐二年
□□□□□□□□□□□□□□□□□□□□□□□□□□□□承貪暴不法。公力疏，
褫其宣徽使、南京留守。以散節為許州兵馬都部署，典祀明堂。恩遷兵部員外郎。
□□□□□□□□□□□□□□□□□□□□□□□景靈宮、同群牧制置，□領四使，
群議凶凶，公與同列及御史偕上極諫。事未即改，疏復連入。遂罷堯佐宣徽、景
靈宮□□□□□□□□□□□□□□□□□□□□□□其忠懇，因定□後妃之家，不得
任二府職事。又寫上魏鄭公三疏及條七事。其論□奧，深補於時。四年，進龍圖閣
□□□□□□□□□□□□□□□□□□□□□□□無事，時用不餘，請移屯內地，以

省大費。事寢，不報。至是，復陳其數，欲諸州才足城守外，屯泊之兵□俾還營，或散處壘□□□□□□□□□□□□□□□□□□□□□之患。議者復謂戍兵不可驟損，則可訓練。曩所置義勇十八萬。教義勇以秋冬三月番休，按閱補以糧，歲費不過屯兵一月。用□□□□□□□□□□□□□□□□□□甚明。上意向之，大臣議不合，乃止。數月，徙高陽關路都部署安撫使、知瀛州。自講和契丹，北邊為無事，守將以宴嬉饋遺為稱職。□□□□□□□□□□□□□□□□□□□約其經用，罷公錢貿易，籍一路吏民所逋負積歲不能償者十餘萬，盡奏除之。以喪子，丐便郡，得知揚州。旋改廬州。公性嚴毅，□□□□□□□□□□□□莫不□服。遷刑部郎中。至和二年，坐保任非其人，降兵部員外郎，知池州。明年，還舊官，徙知江寧府。俄召歸。進右司郎中，權知開封府。府有□□□□□□□□□□□□□□□卻不得徑至廷下，因緣為奸。公才視事，即命罷之。民得自趨至尹前，無復隔閡。有訟貴臣逋物貨久不償者。公批狀，俾亟償。貴臣負□□□□□□□□□□□□□□□置對。貴臣窘甚，立償之。中人有構亭榭，盜跨惠民河表識者，會□詔書，廢堙便河壖廬舍，完復舊坊。中人自言地契如此。公命□□□□□□□□□□□□□□丈餘，得河壖表識，即毀徹。中人自服。遂坐□官。嘗有二人飲酒，一能，一不能飲，能飲者袖有金數兩，恐其醉而遺也，納諸不能飲者，□□□□□□□□□□□□曰：「無之。」金主訟之。詰問，不服。公密遣吏持牒為匿者自通取諸其家。家人謂事覺，即付金於吏。俄而，吏持金至，匿金者大驚，乃伏。□□□□□□□□□□□□□□理檢使。公之總風憲，法冠白□□立，□然有不可凌之勢。其所排擊，曲中理實，壞陰邪之機牙，□敢妄發。至於時事，多所建□□□□□□□□□□□使，提點刑獄，以職事御史府自舉屬官。諫官御史，不避二府。薦舉之人，待制以上，得至執政私第。損休假之日，皆自公發之。理檢例為空名，及公□□□□□□□□□咸為□正。四年，除樞密直學士、□□□使。異時，管利柄之臣，概以豐財為意。公所蒞職，常急吏寬民，凡橫斂無名之入，多所蠲除。剖析裁量，轉虛為□□□□□□□□□計□舊庫，務所須官物，科於郡縣，賈增數□□費稱是。公為置場和市，民□科調之憂，物無虛直之耗。劍南酒戶，歲入□布四十餘萬匹，甚患其□□□□□用之□□十餘萬，吏員失官緡帛，觸罪罟械繫，或數□□不能自存，或逃亡遠地。其□□公皆釋之。與為期以輸，率如期至。三部諸司所舉吏，承前判□□□□□□□用，公悉得當舉之官，□□□得自舉。六年，遷給事中，充三司使。數日，遷拜樞密副使。公之舉止，以義以正，達於幾微，敷奏明辨，婁引大體，裁國論之當□□□□□□□不□□□□□□假於人。正色昌言，時望彌洽。上所倚重。體念備至。七年五月己未，方視事，疾作以歸。上遣使賜良藥，辛未，遂以不起聞。車駕□□□□□□□□□□□□才五歲。上顧見，慘愴久之。諭左右曰：包拯公□□□□□□□□□□□御寺傍，吊賜交至。公幼則挺然若成人，不為戲狎，長彌勖厲操守，□□□□□□□□交游□□書，無所不覽，至於輔世康民，致君立節，可以訓臣人之失。公□□□□□□□為國家事，詞嚴氣勁，剖析明白，聞者莫不竦然服從。其□□□□□□□□□□□□時，嘗令典客張宥，言雄州新開後門，誘納亡叛，探□□□□□□□□□□□□□□□也。假令雄州欲刺知此事，自有正門，何必側門□□□□□為言，本朝豈嘗問涿州開門邪？虜意沮，不敢復言。

其□□□□□□□□傷□□□□□□□□使，再以平□科輸□□厚取於民，或水旱之災□□□□□□□田租必改動之，裕於民而後已。廣平兩監牧地，占邢、洺、趙三州民田，萬五千頃，多瀕漳水。□□□□□□□民得自占，歲入得粟六十餘萬。群牧司復視其□□□□□□□奏言：為政，奪民膏腴為不牧之地，非仁厚之意，詔以還民。慶曆初，范宗傑奏榷解州鹽，官自置場，列置縣所鬻之。轉鹽諸郡，吏承其役。破產者不可勝數。□□□□□□議者皆言其非。詔公往視，且經畫之。公請復通商舊法，迄今為便。又奏罷秦隴所科斜谷造船材木數十萬，□□□所賦建河竹木亦數十萬。□□□□□□□□□□□司專得天下逋負。公承詔，除數十年追胥未入者，總一千二百萬。公雖甚疾惡，至人有□□推以恕心，故其□嚴而無□□□□□□□□君子□□□□□□□□□前朝名臣，既沒，其嗣亦隕。公少為筠所知，及親近懇請以筠族孫，為其嗣之後，丐還田宅。從之。公言治亂興衰之跡，與人論辨□□□□□□□□□□□□□□□□□。公守法持正，敢任事□凜凜然有不可奪之節，蓋孔子所謂大臣者歟！前後奏議為十五卷，皆授據古誼，究□時病，□德者之言。

公曾祖□□□□□□□□□□□□氏追封滎陽郡太夫人。祖諱士通，贈太子少傅。祖妣宣氏，追封馮翊郡太夫人。皇考諱令儀，贈至太保。皇妣張氏，追封□陽郡太夫人。初娶□□□□□□□□□□□郡夫人。子繶，太常寺太祝，先公卒。綬，五歲兒也。天子念公之忠，錄綬為太常寺太祝，及官其族子若孫□□□□□女適陝州硤石縣主簿王向，一女適國子監主簿文效。以公之薨，朝命效為保信軍節度推官，俾護喪歸。即以嘉祐癸卯八月癸酉日，葬公於合肥縣公城鄉公城里。

銘曰：□□□□，公□□□。□□□□，德行□躬。竭力於親，盡瘁於君。峻節高志，凌乎青雲。人或曲隨，我直其為。人或善容，我抗其辭。自始及終，言行必壹。□□□□，□□□□。□□□□，□□□□。□□□□，□□□公。憂國□□，視民哀恫。念慮所至，聲乎無窮。維仁能力，維義能果。大奸必摧，不顧細瑣。大義□發，每□□□。□□□□，□□□□。□□□□，□□□□。□□□□，□□□止。能大其職，弗克遠圖。昊穹胡嗇，維公逝沒。聖主咨嗟。多賜秩物，厚撫其家。都人感愴，及乎□□，為臣□□。□□□□，□□□□。□□□□，萬□□□。惟令名之皎潔，與淮水而悠長。

夫人董氏墓誌銘

熙寧元年夏四月十有一日，故樞密副使、贈禮部尚書、孝肅包公之妃、永康郡夫人董氏，以疾終，享年六十有八。其年十一月二十有八日，祔於尚書之塋。先期其婿常州團練判官文效狀其事，謂田辱孝肅之遇厚，宜為之誌。不敢辭，而書云：

董氏之先，源浚流潔，良史著於春秋，大儒尊於西漢，厥後文武烜耀，世有顯人。至夫人之曾大父希顏，始占數於洛。藝祖有天下，以軍功累寧州刺史，大門廷浚，內殿崇班。父浩，鄂州武昌令。夫人早歸孝肅公，公初中進士甲科拜棘，平得大邑，以親不樂去州里，即棄官歸養。夫人佐公，承顏主饋，內克盡婦道，外不失族人歡心者，蓋十三年。孝肅漸貴，夫人與公終日相對，無聲伎珍怪之玩，素風泊然。嘉祐末，仁宗自用孝肅為樞密副使，夫人以恩進永康郡，當入謝，椒塗見未被命服，嘆曰：「此見包拯不邀陰幸也。」亟白賜之。孝肅薨，夫人扶喪歸肥川。已葬，屏居闔廷，肅然若嚴，官府召老生篤行者，教子於外舍，未嘗少假溫色，期必能復門戶，暇或閱佛書以適性理。包之中外親，不足者，隨宜賙之，非義相干，一絲不與也。初孝肅薨，有素醜公之正者，甘辭致唁，因丐為之誌。夫人謝曰：「已諉吳奎矣。」既而謂家人云：「彼之文不足罔公而惑後世，不如卻之之愈也。」此又識有出人遠甚。

二子：長曰繶，早卒；次曰綬，大理評事。二女：一適硤石縣主簿王向；一適文效，皆士族佳器。繶妻崔氏者，□幼卒，且無子，孝肅與夫人意其盛少，將俾還宗。崔聞，泣拜堂下曰：「舅，天下名公也。得□□□□畢身足矣！況汙家祠奉蒸嘗於先廟之末乎？」由是卒不去。田嘗為崔節婦傳，言之詳矣。文效妻尤純孝，夫人寢疾，與崔未始離席間，藥食不親調不敢進。逮此，哀瘠有不識之者。綬方幼，二人素助母姑，鞠愛之若己出，然雖發於天性，抑亦公夫人教之致歟！

銘曰：孝肅之道，天下不得非。夫人梱法，孝肅為宜。孝肅以為宜，人其可知。乃婦乃子，漸漬有徽。作茲銘者，實亡愧辭。

長媳崔氏墓誌銘

節婦，淮陽崔氏婦，年十有九，嫁為樞密副使包孝肅公長子太常寺太祝妻，二年而寡。有一子，文輔，守將作監主簿，五歲卒。初，哭晝也，舅姑以其妙齡，俾左右詢其意。節婦即蓬首雨泣，以死自誓，遂盡志於孝養。孝肅晚得幼子綬，其母出，節婦慈養之如己。孝肅薨，侍姑夫人歸合肥，節婦母呂氏，故相文穆公之家，時其除服也，至自荊南，曰：「今荊州吾兄龍圖之子，年三十，為信州幕，其人足依也，吾已許以汝為婦，必往無疑。」婦與返復曰：「母不諒乎！儻欲嫁者，不俟今也！」母曰：「夫死守子，子死何待？」節婦曰：「舅喪姑老，有小郎，如兒子，其門戶待我而立。」母怒，迫脅之甚力。又曰：「吾老，數千里而來，使我獨歸乎？」節婦曰：「送母省舅，猶之可也。」悉留其橐裝而行，姑及里人，猶不之信。節婦曰：「苟不如志，即以屍還包氏。」至荊，見其舅，義之，亦不逼也。及還，姑夫人請於朝，特封壽安縣君。知廬州事張田公載，豪士也，為著節婦傳，元初，州以狀聞，有詔旌表門閭，特封永嘉郡君，其制曰：「使我嘉名臣之後，有立於世，惟爾之功。」當姑夫人捐館舍時，綬猶童孩，節婦迎師教導之，以至成人。為擇取良婦，又艱關求訪，得其所生。綬事節婦如母，復為立族子永年，為祝史嗣。因繪像恩官，假承務郎、調無為軍巢縣主簿。噫！終始之節備矣，節婦以紹聖元年七月戊申卒。享年六十有二。孫男一人，女二人。綬今為國子監丞，將以明年十月甲子合葬於廬州合肥縣公城鄉公城里先塋之次。□永年傳來丐銘。

銘曰：少寡自誓，□□□□。詩於國風，世固無有。□□□□，□□□□。如烈丈夫，嗚呼節婦。

次子包綬墓誌銘

公姓包氏，諱綬，字君航，世居合肥。故贈太子少傅諱士通之曾孫，故任虞部員外郎贈太保諱令儀之孫，故樞密副使贈開府儀同三司謚曰孝肅諱拯之子。孝肅學富才超，中天聖甲科，早以孝行著鄉里，終以直節聞□□□□為天下歸重。子二人：長先卒，公其次也。嘉祐中，孝肅公薨，天子錄元臣之功，奠於其家，公方五歲而孤，天子憫然，以遺表授公將仕郎、守太常寺太祝，俾承其胄，而以不絕功臣之世為念。服除，加承奉郎，覃恩轉大理評事。未幾，以丁母郡太夫人憂，居喪盡孝，畢葬成禮，鄉閭為之嘆伏。服除，又加承奉郎，初調官任濠州團練判官，公事郡守嚴毅，僚屬畏憚。公下車奉公守法，倬有盛譽，守愛重之，遂不以勢位自居，凡議事必諮公而後決。事有不可行，公則毅然面折，不苟從。其有補於郡事，不可一二數。秩滿解官，人稱廉潔，思惠愛，異口一辭。再以覃恩轉宣義郎，賜緋魚，授少府監丞。公夙夜盡心，裁判有序，若素宦於朝者。當塗巨公，剡書稱薦，不求自至。咸曰：「名臣之後，得是舉，宜矣！」遷國子監丞，公一提按，典籍遍舉。復視公廚，飲食苟且，積弊為甚。一日，發其事而正之，諸吏肅然，弊亦頓革。磨勘轉宣德郎，移將作監丞，營繕事，夥而領之，以勤濟應期辦事，為當時稱。旋除通判瀛州，以家貧累重，丐免其行。復以通直郎授少府監丞，視事不異前日。年餘，丁所生母孫氏太室憂，公歸鄉居喪，杜門誨子弟，家雖貧而無一毫有干於鄉里，至有未嘗識公之面目者。服除，授通判汝州，磨勘轉奉議郎。加武騎尉，又以覃恩轉承議郎。方位汝陽，寇賊為民害，公視事未幾，聞公之清德，往往皆化而為良民，是必有以服人者。汝人正以得公為幸，歲餘，受代，州人扶老攜幼，爭先出郊而餞之，且拜而言曰：「請公善歸，臺閣今待公矣！」逮至闕下，監進奏院，磨勘轉朝奉郎，加雲騎尉，復出通判潭州。舟而行，距黄州十餘里，感疾逾旬，寢車怡然而逝，時崇寧四年十一月初七日也。公既終，發遺篋，誥軸著述外，曾無毫髮所積為後日計者，益知公生平清苦守節，廉白是務，遺外聲利，罕有倫比。孝肅以清白勁正光於青史，公可謂能克家者。孝肅之風，至於公而益熾也。公有寡嫂崔氏，素以節義聞，公以母禮事之。及其亡也，不遠千里，助成喪事。崔氏有子，相與義居，至於終無異意。公初娶職方員外郎張公田之女，縣封南陽，再娶故相太師潞國公之女文氏，縣封蓬萊，皆先公而卒。公兩娶貴家，視榮耀如蚊虻過目。嘗率文氏，受上清法，灑然有方外趣。甫自童稚，御事有法。不喜苟佞，取友必端。博極群書，罔不通悟。壯年遠仕，蔚有能聲。所至民愛，所去民思。歷官數任，卒乎位卑而不獲騁，議者為公起淹回之嘆，而公以命自處，蓋恬然也，公享年四十八。子男四人：曰康年，曰耆年，曰彭年，曰景年，力求進身計。女三人：長早夭，次適提點刑獄張公之子，幼亦不育。公之亡也，自士大夫至於窮閭陋巷之間，無問其識與不識，悉能道公之姓氏，相與咨嗟曰：「善人去世，良可哀也。」其子耆年、景年，以政和丙申十二月庚申日，用葬公於合肥縣公城鄉東村，實先塋之次。

銘曰：泣血履不移，此道寥寥，克之其誰？公有遺跡，施於史冊。蓋嗣厥家，而傳清白。弗累於位，弗志於利。終焉益貧，中也奚愧？德則罔愆，壽亦宜永。而已於斯，猶不得騁。淮水悠兮！淮山□兮！□緒長存，銘詩墓□。

次媳文氏墓誌銘

蓬萊縣君文氏，世為河東汾州人，河東節度使守太師潞國公諱彥博之季女，今朝奉郎包公名綬之夫人也。天聖初，夫人王父，贈太師尚書令兼中書令諱□，與朝奉公王父，贈太保諱令儀，同官閣中，時潞國公與皇舅樞密副使孝肅公諱拯，方業進士，相友甚厚。未幾，同登天聖五年甲科。逮嘉祐間，繼以才猷，直至參知政事，而包氏、文氏，仕契亦再世矣。嘗願相與姻締，故以夫人歸焉。夫人幼淑敏，事親以孝聞。既歸朝奉公，雖不及□□舅姑而□□□□□朝奉公先娶直龍圖閣張公諱田之女，生子□，夫人鞠養成，視之與己子不異，待親族和而有禮，蓄妾媵正而有仁，喜於周急，於財無所吝，薄於自奉，於物無所玩，以奉祭祀則勤，以相君子則且宜，由是閨門雍肅，而上下順從。初，潞國公以將相之才，佐命天子，而孝肅公又以嘉言直道，顯名天下，皆為當世榮耀。夫人雖兼而有之，曾不以是自居，未嘗有矜大色也。賦性寡俗，尤□□□□□常下茹葷，以清靜自將，行之終身不少懈，以朝奉公封蓬萊縣君。崇寧元年正月庚申卒於京師，享年三十□。子男四人：康年、耆年、彭年、景年，皆習進士。女二人：長適國學生□□先夫人而卒，次尚幼。以崇寧二年十二月庚申，卜葬於廬州合肥縣公城鄉東村。

銘曰：舅姑早世，孝不克施。以正承家，閨門是宜。鞠養幼稚，賢哉母職。逮於詵詵，德其均壹。稟性之良，宜壽而昌，命期不長，□□□傷。

長孫包永年墓誌銘

宣和二年四月十一日，宣教郎、知鄂州崇陽縣事包公，以疾終於家。其弟耆年、景年，卜以是歲七月十一日奉公之喪，歸葬於合肥縣公城鄉東村祖塋之次。

公諱永年，字延之，世為廬州合肥人。曾祖諱令儀，故任虞部員外郎，累贈太保。祖諱拯，樞密副使，累贈開府儀同三司，賜謚孝肅。父諱繶，故太常寺太祝。包氏世有顯聞，實自孝肅公始。元豐天子念孝肅忠烈，當追榮無窮。詔登繪像，春秋從享，俾若嗣若孫，加以恩齎。於是公之叔朝奉（指包綬），上章瀝懇乞官其侄。朝廷喜，從所請。粵七年，公受命未仕。元祐七年，始試法預選。初調官無為軍巢縣主簿。將行，丁母節婦太室憂，杜門終喪，哀毀盡禮，鄉閭稱其孝。服除，任開封府咸平縣主簿。咸平，劇邑也，公至邑，廉勤自守，蔚有政聲，吏民愛思。久之，建中靖國改元，授袁州分宜縣尉。在分宜，會與邑宰論事不協，以故毅然解秩退休，凡閱歲有六。大觀二年，復調官授將仕郎，試處州遂昌縣令。才一考，丁所生母蕭氏憂。蕭氏自公幼稚出從人，義不能奪。公既長，蕭氏夫亦亡。公乃懇切請歸，朝昏侍奉，益敦子職。逮蕭氏去世，公居喪如禮。服再闋。政和二年，用薦者改通仕郎，任金州司工曹事。公到任，同曹事有不決者，皆畫謀於公。則知公之才能設施，固不在人下。歲滿，州人願留公不可得，攀轅翳道，相與瞻望嘆嗟，咸曰：「包公之後，信乎有是賢孫也。」八年，改宣教郎，知鄂州崇陽縣事，禮上之明年，以疾告朝假歸治，已而果不起疾。公享年五十有一。初娶朝請郎致仕、累贈朝議大夫李公庭玉之女，再娶宣教郎、知鳳翔府縣事成公抗之女，晚又娶吏部林公邵之女，林氏亦先公早卒。子一人，曰完，尚幼。女三人：長適同郡俊士賴持正，即故亳州縣主簿擴之侄也。次適無為軍廬江縣俊士文貫。二婿皆以才行稱於時。餘一女，尚幼。公天資謹畏，樂善好學。視榮貴如□□者。故凡厥蒞官臨事，廉清不擾，而孝肅公之遺風餘烈猶在也。公早孤，奉母至孝，先是母崔氏發節義□朝廷旌表，婦訓姆則，畀於其家，則知公之行誼，稟紹有自矣。朝奉有子：曰康年，曰耆年、曰彭年，曰景年。□□□□□□□□□□□□□為學校上遊，抑公率勵之力也歟！惜乎康年、彭年，不幸未祿而卒。公之既亡，發所私，了無遺蓄。故喪葬之具，皆公二弟力營之。於是益知公生平刻苦，自筮仕以迄於終，曾無貪求苟得於下也如此。噫！其行已大節，可謂賢於人遠矣！是宜有銘，以彰其德云。

銘曰：孝以奉親，義以檢身。不苟於得，不戚於貧。凡厥蒞官，罔替祖烈。所至民譽，曰賢之傑。德則克全，壽胡弗腆。唯善有福，沒也□顯。

後記

以前有一檔非常熱門的文化節目，每期邀請一位學者或大學講師在電視上向觀眾講課。講什麼內容呢？主要是歷史、詩詞、骨董、戲劇。例如《史記》裡的戰爭，《水滸傳》裡的法制，《西遊記》中孫悟空的原型，諸如此類的題目，內容豐富，視角新穎，講述的方式很風趣，在中國大陸創造極高的收視率，同時也捧紅一批學術明星。像于丹、易中天、王立群、閻崇年等，都是透過這個節目成名。

節目風靡了一段時間，但慢慢冷下來了，因為總是那幾個熟面孔站在臺上講，觀眾感覺審美疲勞。這時候，節目組開始發掘比較新鮮的主講人，並且碰巧發掘到我本人。一個編導對我說：「你是開封人，開封有個包青天，你就上我們節目試講一下包青天的故事吧！」

我興奮極了，馬上準備講課材料。我把書店和圖書館裡與包青天有關的書籍運回家，一本一本開始研讀，然後又從《全宋筆記》中抄錄相關文獻，做成一個便於查閱和比對的資料庫，這番前期工作整整花了兩年時間。兩年後，我胸有成竹地打電話給編導報喜，說自己終於有把握可以去講包青天，編導卻遺憾地告訴我，他們節目組換了監製，原定包青天的選題也交給其他主講人了。

這是一次不太開心的經歷，但我並不覺得吃虧，因為多讀幾本書總是好的，多研究歷史總是好的。如果不是那檔節目的吸引力，我恐怕不會花那麼多力氣去研究包青天，也不會形成今天這本書。

早在我著手研究包青天之前，就有好幾位學者在這領域做出卓有建樹的貢獻，我當時的研究正是建立在別人的研究基礎之上，大家看到的這本書，也同樣吸取別人的許多研究成果。請允許我在這裡對這些前輩學者表示感謝，他們分別是：開封包公研究會常務副會長李良學先生、安徽師範大學歷史系教授楊國宜先生、北京聯合大學應用文理學院院長孔繁敏先生，以及南開大學文學院教授魯德才先生。

我還要感謝為這本書提供彩色圖片的幾位好朋友，例如熱心讀者劉東偉先生、黎萍小姐、梁弘小姐。最後特別感謝開封府景區劉天增經理的仗義相助，本書中將近三分之二的精美圖片，都是透過他的協助而獲得。

HISTORY系列 030

包公哪有那麼黑——你所不知道的包青天

作者——李開周
主編——邱憶伶
特約編輯——劉慧美
責任企畫——葉蘭芳
封面設計——比利張
插畫繪製——吳宗柏
發行人
董事長——趙政岷
總編輯——李采洪
出版者——時報文化出版企業股份有限公司
一〇八〇三臺北市和平西路三段二四〇號三樓
發行專線——（〇二）二三〇六六八四二
讀者服務專線——〇八〇〇二三一七〇五・（〇二）二三〇四七一〇三
讀者服務傳真——（〇二）二三〇四六八五八
郵撥——一九三四四七二四 時報文化出版公司
信箱——臺北郵政七九～九九信箱
時報悅讀網——http://www.readingtimes.com.tw
電子郵件信箱——newstudy@readingtimes.com.tw
時報出版愛讀者粉絲團——http://www.facebook.com/readingtimes.2
法律顧問——理律法律事務所 陳長文律師、李念祖律師
印刷——華展印刷有限公司
初版一刷——二〇一七年四月七日
定價——新臺幣三二〇元
（若有缺頁或破損，請寄回更換）

時報文化出版公司成立於一九七五年，並於一九九九年股票上櫃公開發行，於二〇〇八年脫離中時集團非屬旺中，以「尊重智慧與創意的文化事業」為信念。

國家圖書館出版品預行編目(CIP)資料

包公哪有那麼黑：你所不知道的包青天／李開周著
-- 初版. -- 臺北市：時報文化，2017.04
面； 公分. --（HISTORY系列；30）
ISBN 978-957-13-6960-0（平裝）
1.（宋）包拯 2.傳記 3.學術思想
782.8514 106003908

ISBN 978-957-13-6960-0
Printed in Taiwan